明治大学ラグビー部
勇者の100年
紫紺の誇りを胸に再び「前へ」

明治大学ラグビー部／永田洋光 著

二見書房

プロローグ　冬の稲妻

東京都新宿区霞ヶ丘町にある国立競技場のスタンドでどよめきが起きた。

2024年1月13日。

ピッチで行なわれているのは、第60回全国大学ラグビーフットボール選手権大会決勝。対戦しているのは、前年度優勝チームにしてこの試合で3連覇を目指す帝京大学と、23年にラグビー部創部百周年を迎えた明治大学だ。

どよめきは、両チームの好プレーが引き起こしたものではなかった。

突然の稲光と、続いて響いた雷鳴。

1月の東京では滅多に起こらない気象現象が、1万8千374人の観客の大半からどよめきを誘った。

前半20分40秒。

落雷の危険性を考慮して試合が中断された。

2分後には危険性がないとの判断で再開したが、直後に天空から重低音が響いた。立て続けに二度も。

レフェリーの関谷惇大《せきやとしまさ》がふたたび試合を止め、両チームの選手にロッカールームに戻るよう指示する。

スコアボード左下に設置された時計は、22分37秒を表示したまま動かなくなった。

時刻は15時44分。

15時19分のキックオフからランニングタイムで25分が経過したところだ。

それから56分間。

無人のピッチを我が物顔に駆け回ったのは寒風にあおられた雪片だった。

「正直な話、あの中断は今までで一番モチベーションを保つのが難しかった」

この56分間をそう振り返ったのは、明治のキャプテン、背番号12を背負ってインサイドセンターを務める廣瀬雄也《ひろせゆうや》だ。

ラグビーは、よほどの悪天候にならない限り雨のなかでも雪のなかでも試合が行なわれる。

1987年12月6日には、前日夜から降り積もった雪を除雪して、明治対早稲田大学の関東大学対抗戦グループの公式戦が場所も同じ旧国立競技場で行なわれた。今でも「雪の早明戦」として知られる〝伝説の一戦〟だ。

それから14年以上経った2001年4月7日に生まれた廣瀬も、この試合の映像を見ている。だから、決勝戦当日の試合時刻に雪が降る可能性があると伝える気象情報を聞いて、雪のなかでの試合は想像できても、中断までは想像できなかった。

日本国内でラグビーの試合が中断された例はいくつかあるが、いずれも雷の発生で落雷の危険性を考慮されたもの。である以上、中断は、8月下旬から9月上旬にシーズン開幕を迎える社会人のジャパンラグビートップリーグで記録されたものがほとんどだ。1月の大学選手権での中断は記録にない。

そもそも中断という事態がラグビーでは「想定外」なのである。

けれども現実に中断という事態が起こった。「モチベーションを保つのが難しかった」という廣瀬の思いは、両チームに共通するものだった。

「ただ、モチベーションを保つのがすごく難しかったのは事実ですが……」と、廣瀬は言葉を継いだ。

「それまでの20分間の流れがメッチャ悪かった。帝京の流れに呑まれそうなところがあったので、あの中断でけっこう助かりました。相手もモチベーションを保つのが難しいだろうし、これは明治に流れが来ているのかな、と。その分、どれだけここで自分たちを立て直せるかの勝負だと思っていました」

確かに、試合開始のキックオフから明治はどことなく動きがぎこちなく見えた。

背番号15をつけてフルバックを務める池戸《いけど》将太郎《しょうたろう》が蹴ったボールは、フィールド内に落ちることなく左のタッチラインを越えた。そのためルールによって、キックオフ地点、つまりフィールド中央のキックオフを蹴った地点に戻されて、帝京にスクラムの権利が与えられた。

本来なら走り込んだ味方のフォワードが確保するか、帝京の選手に捕らせてそこに強烈なタックルを見舞ってボール奪取を試みるか、あるいは帝京のバックスにボールを蹴らせて再獲得、もしくはマイボールのラインアウトを獲得——と目論み、入念に練習を重ねたはずのキックオフが、いきなりミスとなって相手にアタックチャンス与えてしまったのだ。

両チームの大柄なフォワードが8人ずつ中央に集まり、スクラムを組む姿勢をとってプレーが再開される。

しかし、両者の力関係を測るはずのスクラムは、明治がレフェリーの合図より先に組もうとしたとして軽い反則をとられ、帝京にフリーキックが与えられた。

帝京は、そこでキックではなく再度スクラムを組むことを選択し、じわりと明治を押し込んでボールを出す。そしてフルバックの山口泰輝《やまぐちたいき》が明治の背後にキックを蹴り込む。弾んだボールは明治のインゴールに転がり、明治がボールを押さえてゴールラインドロップアウトに逃れた。ゴールライン上から、一度ボールをバウンドさせてから蹴るドロップキックでゲームを再開するのだ。

帝京は、池戸が蹴ったボールを明治陣の22メートルラインの辺りで確保。そのまま密集を二つ作って大きくボールを動かし、11番をつけたウイングの高本《たかもと》とむに託す。

高本は、1月2日に行なわれた準決勝の天理大学戦で、同じような状況からタックルに来た天理の選手に正面からブチ当たり、相手を弾き飛ばす強さを見せて2トライを挙げていた。明治にとっては要注意の選手だ。

このとき、高本と東福岡高校で3年間チームメイトだった廣瀬は、トライを阻むべく防御に駆け戻っていた。

「とむは、基本的に外で勝負する」

頭にあったのは高本が得意とするプレースタイルだ。つまり、高本は、防御に来た明治の選手を引きつけてから外側にステップを踏むと考えていた。

廣瀬の前には、明治の10番スタンドオフの伊藤耕太郎《いとうこうたろう》が防御に戻って高本を射程にとらえている。だから、廣瀬は伊藤のタックルがヒットしない場合に備えてスピードを上げた。せめて伊藤が高本の片足をつかんでくれれば、そこに続けざまにタックルに入り、二人がかりのダブルタックルを決められる——と。

しかし、高本が選択したのはいきなり防御の内側に切れ込むステップだった。

「まさか一発目に内に切るとは……」

予測が外れ、逆をつかれてタックルする機会を逃した廣瀬の背後を高本が駆け抜け、帝京が先制トライを記録した。キックオフからの経過時間は2分36秒。ボクシングで言えば、第1ラウンドでいきなりクリーンパンチをもらったようなものだった。

それ以後、両チームは、ノーガードの打ち合いのように、お互いの持ち味を出して攻め合った。決勝戦のようなゲームでは、試合開始からしばらくはお互いにキックを蹴って陣地を取り合い、リスクを冒さずに手堅くゲームを進めるのが定石。だが、キックオフ直前から灰色の雲が空を覆い始め、開始15分でみぞれが降り始めた天候にシンクロするように、ゲーム展開は早いテンポで攻守が入れ替わった。

5分過ぎには明治がアタックに出て、廣瀬にボールを託す。このとき廣瀬は帝京の選手に囲まれたが、防御の背後に小さくキックを転がし、それをキャッチした14番のウイング安田昴平《やすだこうへい》が大きく前進する。安田が帝京の防御に捕まると、明治はすぐにボールを出して攻撃を続行。防御に戻りきれなかった帝京からオフサイドの反則を誘う。

廣瀬がレフェリーにゴールを狙うことを告げればペナルティゴールで3点を返す機会が与えられる。しかし、廣瀬が選択したのは、ボールをタッチに蹴り出して、帝京陣に深く入ったところでマイボールのラインアウトからアタックすることだった。3点ではなく、トライの5点とその後のコンバージョンによる2点の合計7点を取りにいったのだ。ただ、この決断は、ラインアウトの呼吸が合わず、ボールを確保できなかったために実を結ばなかった。結果、ボールを確保した帝京がピンチを脱出する。

7分過ぎには明治が自陣からアタックを仕掛け、帝京陣内に攻め込むが、廣瀬が捕まって決定的なチャンスを作れない。

最初の雷による中断後も、明治は帝京の反則からペナルティを得たが、ここでも3点ではなくトライを狙いに行って、またもやラインアウトでミスが起こった。

明治のアタックは、時折、稲妻のように帝京の防御を大きく引き裂いて地域を進めるものの、懸命に防御に戻る帝京の堅陣を崩せず、頼みのラインアウトも乱れて、フィニッシュには至らない。

確かに流れは「メッチャ悪かった」のである。

ゲームが中断しているインターバルに、ロッカールームで選手たちに積極的に話しかけ、修正点を伝えたのは、ヘッドコーチの伊藤宏明《いとうひろあき》だった。

「そうなってしまうか……」

それが、中断までの試合を見守った伊藤の感想だった。

「立ち上がりに獲られたトライは、僕からすればあり得ないトライで、今までやってきたディフェンスができていなかった。帝京大を意識するあまり浮き足だって、違うポジショニングをする選手がいたのです。つまり、選手たちの試合に向かうマインドを100%まで上げられなかった。もっと彼らに気持ちの部分で『やれる！』という自信を持たせて送り出さなければならなかった。僕のなかでは、選手たちのマインドが誤算でした」

だから、この中断を利用して選手たちに冷静さを取り戻させ、あわせて戦い方の細かい部分を修正しようと考えていた。

中断は、伊藤にとっては「ありがたかった」のである。

場内放送で一度は「16時26分頃を予定」とアナウンスされた試合の再開時刻は、16時40分に引き延ばされ、上空がほとんど夜空の色合いに染まった16時32分、まず帝京がキャプテンの2番フッカー江良颯《えらはやて》を先頭にグラウンドに姿を現した。

その4分後、明治は廣瀬と池戸が先頭になってグラウンドに出てきた。

そして、40分ちょうどに試合が再開される。

果たして中断はどちらを利するのか――。

冬の稲妻がもたらした思わぬ〝ブレイク〟は、勝負に新たな〝綾〟を織りなすのだった。

明治大学ラグビー部　勇者の100年
紫紺の誇りを胸に再び「前へ」

目次

本文写真◉朝日新聞社／産経新聞社／スポーツニッポン新聞社／明大スポーツ新聞部
岡戸雅樹／髙山展寛

＊本文中に登場する人物名につきましては、敬称略とさせていただきました。

第1章　創部百周年のファイナル

試合再開――

2024年1月13日15時44分に落雷の危険性を考慮して中断した第60回全国大学ラグビーフットボール選手権決勝戦は、16時40分に試合が再開した。

中断されている間に吹き荒れていた雪は、いつの間にか凍てつくような氷雨に変わっていた。プレー時間で言えば前半22分37秒。得点は7対0と帝京大学が明治大学をリードしている状況で、決勝戦は、帝京大学陣内での明治大学投入のラインアウトから再開された。

そして、すぐに1時間近くに及んだブランクを感じさせないほどヒートアップした。

まずボールを確保した明治がアタックを仕掛ける。右側の大きなスペースにアタックラインを敷いたところに、左の狭いサイドにいた11番のウイング海老澤《えびさわ》琥珀《こはく》が走り込んでボールをもらい、帝京の防御を破って前進する。さらに明治は右にボールを動かしてアタックを継続する。

しかし、密集を重ねたところで帝京の圧力を受けてボールを持った選手が孤立。反則をとられてしまう。

帝京は、このペナルティからボールをタッチラインに蹴り出して、明治陣内でのラインアウトを選択。そこから力強く前に出て、25分には5番をつけたロックの尹礼温《ゆんれおん》がインゴールに走り込んだ。

しかし、トライの前に帝京の選手にハンドリングエラーがあったのではないかとTMO（テレビジョンマッチオフィシャル）にかけられ、トライか否かが映像で判定されることになった。

結果、尹がボールをもらう前にノックオンがあったとしてトライが取り消された。

それでも、直前に密集で明治が反則を犯していたためにアドバンテージが適用され、帝京はボールを蹴り出して、次のプレーにゴール前でのラインアウトを選ぶ。明治は、相変わらずゴールラインを背負っての防御をしいられる。

帝京は、このラインアウトからフォワードが固まって一気にモールを押し込み、最後はキャプテンの2番フッカー江良颯がインゴールに飛び込んだ。

トライだ。

続くコンバージョンも決まって、明治は14点を追う逆境に立たされた。

明治のキャプテン、12番インサイドセンター廣瀬雄也は、キックオフからの20分間を「メッチャ悪かった」と振り返り、中断の間にチームを修正しようと考えていた。再開直後のラインアウトから積極的に攻めたのも、自分たちの強みがボールを持ってのアタックであることを再確認していたからだ。

ところが、そのアタックでボールをキープし続けられずに奪われ、失点に結びついた。

氷雨のなかで心が折れてもおかしくない場面だ。

それでも、廣瀬は前を向いていた。

「中断の間に話した内容を遂行すれば……」

そんな思いが廣瀬を支えていた。

「ONE MEIJI」が結実したトライ

明治が反撃に転じたのは33分過ぎのスクラムからだった。

ハーフウェイラインから少し明治陣内に入った地点のスクラムから、明治は準備してきたサインプレーを見せた。

スクラムの右側、狭いサイドにいた11番のウイング海老澤がスクラムの左側に走り込んでボールをもらうプレーだ。しかし、これはスクラムが押されたためにパスを供給するスクラムハーフ萩原周《はぎはらしゅう》とタイミングがずれてボールがこぼれた。これを13番のアウトサイドセンター秋濱《あきはま》悠太《ゆうた》が拾って確保し、ラックに持ち込む。

帝京の防御は乱れないまま明治のアタックに備えている。

そんな状況を見て、萩原が密集の後ろから高いキックを上げた。

このボールに身長１７３センチと小柄な海老澤が走り込み、高くジャンプして捕球を試みる。

帝京の選手と奪い合いになったボールは手に収まらず、海老澤の斜め後ろに弾む。

そこに走り込んだのが5番のロック佐藤大地《さとうだいち》だ。

佐藤はボールが地面に落ちる前にキャッチするや、広い左側へ走り始めて前進。身長１８３センチ、体重１００キロのサイズを感じさせない、スラロームのような身のこなしで帝京の防御を乱し、10番スタンドオフの伊藤耕太郎にパスをつなぐ。

伊藤は、相手防御を見ながら右へ方向転換を図ってラックに持ち込む。

これで伊藤が倒されてできた密集の左側に大きなスペースが生まれた。そこには、密集に近い方から順番に、15番のフルバック池戸将太郎、12番・廣瀬、13番・秋濱、11番・海老澤、14番・安田昴平と5人のアタックラインができて、萩原からのパスを待ち受けていた。

最初にパスを受けた池戸は隣の廣瀬にボールを送る。

帝京の防御は人数が足りず、明治はいわゆる「余った」状態にあった。つまり、大きく前進できる絶好のチャンスだ。

廣瀬は、そんな状況では帝京の防御が、自分がパスを送る相手をめがけてトップスピードでタックルに入ってくることを読んでいた。明らかに数的に不利なこの状況では、一か八かでインターセプトを狙ってくることも当然考えられる。だから、左端に待つ安田に長いパスを放るのはリスクが高いプレーだ。しかし、廣瀬はそれを選択した。

秋濱と海老澤の頭上を通過する長いパスを放ったのだ。

果たして帝京のディフェンダーがインターセプトを狙って激しく前に出た。

ところが、廣瀬が放ったパスは、測ったようにその指先をわずかに越えて安田の手に収まり、安田が誰もいないスペースを駆ける。きれいなラインブレイクだった。


「帝京のディフェンスは外側がかぶって（前に出て）くるので、そのさらに外側にスペースができるのはわかっていました。中断の前に、僕が外側にキックを転がして安田を走らせた場面も大きくゲインできた。帝京はあそこのスペースが空くんです。でもこの2年間、僕たちは帝京のディフェンスに、どこにもスペースがないように錯覚して、そこを有効に攻められなかった。何回も試合をして、ようやくあそこのスペースをつけるようになったんです。だから、あのパスは、帝京と試合を繰り返したことで自然に出たプレーでした」

廣瀬は、このときのパスをそう説明する。

明治と帝京は、夏合宿での練習試合や招待試合を含めれば、毎年何度も対戦している。23—24年度のシーズンは、菅平の夏合宿でも、11月19日に秩父宮ラグビー場で行なわれた関東大学対抗戦グループの公式戦でも、明治は帝京に敗れて悔しい思いをしたが、その都度、どこが及ばなかったのかを学生とコーチングスタッフが話し合い、修正点を洗い出してはこの日のために課題の克服に励んできた。

廣瀬が言う「さらに外側のスペース」は、そうした積み重ねで見つけた攻めどころだった。

安田が帝京陣の22メートルラインを越えるところまで走って倒されると、そこから明治は右側を攻めた。

まず左プロップ1番の床田《とこた》淳貴《じゅんき》がくさびを打つように突進。帝京の防御を集めると、さらに右側へ大きくボールを動かす。

氷雨が降りしきるコンディションは、ボールが濡れて滑りやすくなるため、パスを用いるアタックには不向きとされる。しかし、ラックから出たボールは次々と選手の手を経て右側へと動く。伊藤→廣瀬→池戸→海老澤とバックスのランナーたちが放ったパスを右端で受けたのは、6番のフランカー森山雄太《もりやまゆうた》だ。

森山がゴール前で倒されて密集ができると、今度は左に攻める。

3番右プロップの為房慶次朗《ためふさけいじろう》がまずくさびを打ち、さらに左へ。

萩原からパスを受けたのは床田だ。

通常、フォワードの選手はこういうゴール前では、自ら突進してさらに前進を図ることが多いが、床田はパスを選択して池戸にボールを託す。池戸は司令塔を務める伊藤にボールを送る。

このとき、パスが少し乱れて伊藤は後ろ向きで捕球することになったが、あわてることなくその場で走り込んできた池戸にパスを返す。「ループ」と呼ばれるプレーだ。

そして、池戸がふたたびボールを持ったとき、左には海老澤と秋濱がほとんどノーマークで待っていた。帝京の防御は彼らの前にはなく、密集から懸命に駆け戻ってくるところだった。

だから池戸は、彼らが戻るその先へと長いパスを放った。

秋濱はパスを捕ると、戻ってくる帝京のディフェンスの逆をつくように内側に切れ込み、タックルにきた2人を弾き飛ばしてインゴールに飛び込んだ。

34分33秒。

写真提供：明大スポーツ新聞部

起点となったスクラムから数えて7つの密集戦を制し、明治は縦横に走り回って、この試合で初めてのトライを記録した。

廣瀬のコンバージョンキックは外れてスコアは5点にとどまったが、ボールを持ってノビノビと走る明治の「らしさ」が出たトライだった。

みぞれが降り雷が鳴り響き、試合の中断があって降雨となる――そんな悪いコンディションのなかでも、明治がアタックを完遂できたのには理由があった。

廣瀬は、東京都世田谷区八幡山にあるグラウンドでの日々の練習に触れてこう言った。

「今シーズンは、練習のときから試合に出ないノンメンバーの選手たちが帝京のディフェンスの動きを完璧にコピーしてくれた。だから、普段からいいシミュレーションができたんです。みんながいい動きでトライできたのも、（試合形式の）練習中から試合以上のプレッシャーを感じていたから。そうではないと、ああいうプレーはできない。それくらいノンメンバーが完璧にコピーしてくれました。僕たちも練習中に何回もミスをしたし、何回も成功した。そんな試行錯誤を繰り返せたから、ああいう形で動けたと思います」

廣瀬はこのシーズンが始まる前に、4年生全員で話し合って「ONE MEIJI」という言葉をスローガンに掲げた。その理由や経緯は後述するが、そこに込められた思いは、試合に出られるメンバーも、出られないメンバーも、「優勝」という大目標を目指して一つになることだった。

ヘッドコーチの伊藤宏明も、試合形式の練習が充実していることに触れてこんな言葉を漏らしている。

「練習は試合と同じ強度でやらないと意味がないけど、試合に出るメンバーが並ぶAチームの相手をするBチームは、ほとんどが試合に出られない選手。だから、彼らが『どうせオレたちはかませ犬だ』みたいな気持ちでいい加減にプレーすることも、ないわけではなかった。でも、今年はBチームが真剣に自分たちの役割を果たしている。それが、Aチームのパフォーマンスにいい影響を与えているんです」

つまり、それを着るために明治に入ったと言っても過言ではない試合用の紫紺のジャージーを着る機会がほとんど消滅したにもかかわらず、モチベーションを保って練習に臨むメンバーがいて初めて、トップチームのプレーが研ぎ澄まされる。

その意味では、明治の最初のトライは「ONE MEIJI」が結実したトライだった。

ハーフタイムに話し合われたこと

スコアは5対14と、まだワンチャンスでは追いつけない9点差だが、何度も帝京の堅守に阻まれたアタックがようやく得点に結びつき、スコアボードに5という数字を刻んだことで試合の流れが変わった。

37分過ぎには、帝京に自陣深くにボールを蹴り込まれたが、戻った池戸がすぐに長いキックを帝京陣めがけて蹴り返す。ライナー性の弾道で飛んだボールは、地面に落ちると濡れた芝生にも助けられて帝京のゴール前へと転がった。

長い距離のキックだったので明治のプレッシャーがさほどかかるとは思えず、帝京のバックスは、ゆっくり確実にボールを拾い上げてゲームを切るつもりでいた。

そこに猛然と迫ってきたのが海老澤だ。

一切スピードを緩めることなく、ボールめがけて疾走する。

そんな姿が目に入ったのか、あるいは濡れた芝生と濡れたボールに原因があるのか、帝京のバックスがぽろりとボールをこぼした。

ノックオンだ。

これで明治は、帝京のゴールラインまで約15メートルという絶好の位置でのスクラムを得た。直前のトライで息を吹き返した明治のサポーターから歓声が沸き、場内が俄然騒がしくなる。

明治はバックスがスクラムの後方で次のプレーについて短く言葉を交わし、スクラムの右側に伊藤をはじめ5人の選手が並ぶ布陣を敷いた。左側にいるのは海老澤だけだ。

帝京は、この時間帯までスクラムを優位に組んできた手応えがあったのだろう。明治が準備したプレーを狂わせるべく、フォワードの8人がスクラムを押し込むことに集中した。

38分02秒。

萩原がボールを投入した瞬間に帝京は強烈なプッシュをかけた。

明治は、スクラム最前列の3人が、押し込まれながらも持ちこたえ、ボールを最後尾のナンバーエイト木戸大士郎《きどたいしろう》の足元へと送った。木戸のスパイクは、スクラムを組んだときの位置からほとんど動いていない。

次の瞬間、伊藤がスクラムの左側へと走り出した。

呼応した萩原が素早くボールを拾い上げ、パスを伊藤に放つ。

帝京は、フォワードの8人がスクラムに集中したためにディフェンスに戻るのが遅れている。

チャンスだ。伊藤は、冷静に防御の動きを見極めながら海老澤にラストパスを通し、38分13秒、明治に二つ目のトライが生まれた。

さらにタッチライン際からの難しいコンバージョンを廣瀬が決めて2点を追加。スコアは12対14となった。最大で14点あった差を2点に縮めたのだ。

空模様同様に、勝負は予断を許さぬまま前半を終えた。


ハーフタイムのロッカールームはどんな雰囲気だったのか。

「手応えがありました」

廣瀬はそう言って、理由を説明した。

「帝京はアタックの強さが注目されがちですが、実は中盤のディフェンスが良くてすごく失点が少ない。本当にディフェンスが良くて相手に何もさせないから、それが効いて最後に大差がつく。それが帝京のラグビーなんです。そんなチームに対して、前半の終盤に5分で2トライを獲ることができた。自分たちの強みを出せている証だし、1年間積み重ねてきたことが間違っていなかったことにもなる。だから、みんな手応えがあった」

それでも、毎年何度も死闘を繰り広げているライバルに対して、浮き立つ気持ちを戒めることも忘れなかった。何しろ帝京は「3連覇を狙う、勝ち方を知っているチーム」なのである。

「明治の二つ目のトライは、相手を崩したのではなく、ミスにつけ込んだトライでした。だから、『逆に自分たちがミスをすれば相手に7点とられる可能性もあるよ』と話しました。実際、立ち上がりに奪われたトライは、キックオフのミスが原因だったし、モールから奪われたトライも、自分たちの反則が起点だった。今はいい流れできているけど、一つの反則で流れは変わるから、流れに身を任せてはダメだ。後半はどちらが我慢強くラグビーをできるかの勝負になる。自分たちがこれまでやってきたことを信じること——そんな話もしました」

果たして後半開始のキックオフを受けた明治は、猛然と攻勢に出た。

勝負の分かれ目

帝京が蹴り込んだ後半開始のキックオフを、明治はバイスキャプテンでロック4番の山本嶺《やまもとれい》二郎《じろう》がキャッチ。ラックに持ち込んで確保する。

密集の後方で待ち受ける伊藤は、萩原からのパスを受けると、帝京防御の背後に小さくキックを蹴った。

地域を獲るための長いキックでも、ゲームを一度切って仕切り直しをするためのタッチキックでもなく、成功すれば大きなゲインが見込めるが、万一相手に捕られてすれ違われれば大ピンチを招く一か八かのプレー。この試合で明治が初めて見せたアタックだった。

ヘッドコーチの伊藤宏明は、前半にあった56分間の中断と、ハーフタイムを利用して、選手たちにキックを使う選択肢を提示していた。地面が濡れて滑りやすく、気温が下がって手がかじかむコンディションでは、ボールを動かし、パスをつなぐアタックにこだわり過ぎるとミスが起こりやすくなる。ミスは、そのまま帝京にボール、つまり攻撃権を与えることにつながってしまう。そうしたリスクを避けるために、防御の裏にキックを蹴ってシンプルに前に出る方法を提案したのだ。

その際「チェイス（追走）を大事にしろ」と選手たちに伝えている。

つまり、リスキーなキックを使うときにピンチを招かないための最良の方法は、全力でボールを追って再獲得するか、たとえ相手に捕られてもその場で倒すかして、ボールが落ちた地点よりも下がらないこと。チェイスはそのための大切なファクターなのである。

後半立ち上がりにいきなり繰り出したショートキックは、秋濱が忠実にチェイスして帝京のハンドリングエラーを誘い、ハーフウェイラインを越えたところで明治ボールのスクラムにつながった。

ショートキックを使ったことが、上手くいったのだ。

明治は、このスクラムから準備していたプレーを繰り出した。

最後尾の木戸が右にボールを持ち出して萩原に渡す「8↓9」のプレーを見せ、10番の伊藤にパスを通す。

伊藤は、今度は反対の左側に走り込んだ池戸に合わせてパスを送る。

帝京の防御がボールが動く方向に移動することを織り込んで、その逆のスペースを攻めようとしたのだ。

しかし、伊藤のパスと池戸が走り込んだタイミングが合わずにボールがこぼれた。

帝京は、このボールを奪うと、11番左ウイング高本とむを走らせた。

試合開始直後にトライを挙げた高本はスピードに乗って明治陣22メートルラインを越えた。そこから密集を重ねてアタックを仕掛ける。

チャンスが一転してピンチとなった明治は、選手が戻りきれずに反則をとられ、帝京にペナルティゴールのチャンスを与えてしまう。

帝京のフルバック山口泰輝がこのキックを成功させて17対12とリードを5点に広げた。

さらに4分後にも、帝京がペナルティゴールを追加して、ついにスコアはワンチャンスでは逆転できない8点差まで広がった。

このとき、一時は降り止んでいた雪が、強く激しく落ちてきた。


「さまざまな意味で帝京が上手《うわて》でした」

前半の終了間際に連続トライを奪って2点差まで追い上げながら、後半に入るやジリジリと点差を広げられた展開を振り返って、廣瀬が言う。

「帝京は、全員が自分の仕事を理解しているというか、本当に相手に隙を見せないチーム。逆に、明治が隙を見せるとプレッシャーをかけてくる。案の定、後半は自分たちのミスから失点を重ねて、徐々にメンタルをえぐられた。帝京が僕たちの短いキックにミスをして、アタックする場面は作れたんですけど、そこでトライを獲り切れなかった。それが帝京のディフェンスの強さだと思うし、周りから見ると何でもないようなプレーでも、一つのターンオーバーで持ち込んだボールを奪われると、ピッチに立っているメンバーはメンタルにくる。流れも左右されるんです」

明治が8点差を一気に詰めるチャンスをつかんだのは55分（後半15分）過ぎのスクラムからだった。

グラウンド中央のスクラムから萩原が持ち出し、伊藤にパスを送る。伊藤はそのまま右側のタッチラインとゴールラインが交わるコーナーに向かってキックを転がす。

転々とするボールは、タッチラインを割らずに内側に戻ってくる。そこに猛スピードで走り込んだのは、左側からポジションを変えた海老澤だ。

海老澤は、懸命に戻る帝京の高本を抜き去り、転がるボールを拾い上げた。ゴールラインまであと数メートルのところだ。しかし、勢い余ってタッチラインの外側に転がり出た。

海老澤は23年4月入学の1年生だが、京都産業大学との準決勝で、相手が蹴ったキックをタッチラインの後方でジャンピングキャッチするとそのままインフィールドに着地する、走り幅跳びのようなスーパープレーを見せて脚光を浴びた。

この試合でも、50分過ぎには、プレー中に自陣から蹴ったボールがバウンドして相手陣22メートルラインを越えてタッチを出た場合に、蹴ったチーム投入のラインアウトとなる50：22（フィフティ・トゥエンティトゥ）ルールが適用される絶妙なキックを披露して、明治にチャンスをもたらしている。いわば、ラッキーボーイ的存在だ。

そんなルーキーの活躍に刺激されたように、明治が帝京陣内深くに居座ってアタックを続ける。

56分には、22メートルライン付近のラインアウトを一度は帝京に奪われたが、弾むボールを3番の為房がキャッチして前進。そこから密集を8つ重ねて帝京を攻め立てた。しかし、最後にボールを落としてトライには結びつかない。続くスクラムでもペナルティを取られてチャンスは潰えたかに見えた。

しかし、海老澤が帝京のタッチを狙ったキックに、ふたたびジャンピングキャッチを見せてアタックのチャンスを作る。

けれども、そのアタックでミスが起こり、こぼれたボールを帝京の14番ウイング小村真也《こむらしんや》に足で引っかけられて一気に自陣ゴール前へと戻され、そのまま13番のアウトサイドセンター戒《かい》田慶都《だけいと》にゴールラインを陥れられた。コンバージョンも決まって、帝京の得点は27まで伸び、明治との差は2回のチャンスでも届かない15点に開いた。

廣瀬の言葉ではないが、まさに「メンタルをえぐられた」トライだった。

ヘッドコーチの伊藤が示唆したキックによるアタックは、後半立ち上がりと、海老澤が激しくチェイスした場面の2回試みられたが、得点には結びつかなかった。

後半の最後の30分間は雪が激しくなり、スタンド最上部にある記者席からは、雪の幕を通して試合を見ているような状態だった。背後の屋根の隙間から寒風とともに雪が吹き込み、パソコンの上に身体を覆い被せるようにしながら取材を続けている記者もいた。

そういうコンディションのなかでも、明治のバックスは、キックよりもボールを動かしてパスでつなぐラグビーを選択した。

伊藤は、コーチ席からインカムを通してキックを使うようにアドバイスを送り続けたが、選手たちはその選択肢を最終的には選ばなかった。

コーチとして年間を通してバックスを指導し、鍛え上げて「学生ナンバーワン」とも評される素晴らしいバックスに育て上げた自負も、伊藤にはある。

そんな教え子たちがいかんなく能力を発揮して準決勝を勝ち上がり、決勝戦でも厳しいコンディションのなかで2トライを奪っている。

だから、伊藤の胸中は複雑だった。

「みぞれから雪に変わるコンディションではなく、晴れていいコンディションだったら、とにかくボールをつないでアタックを仕掛ける学生たちの選択で良かったと思います。でも、あのコンディションは、彼らのやりたいラグビーには向いていなかった。むしろ、あのコンディションを逆に上手く使うこともできたのですが、学生たちは1年間積み重ねたラグビーを選択した。コーチとして単純にゲームだけを見れば、蹴れば良かったと思いますが、明治としては、学生たちが1年間の積み重ねを選択したのだから、それで良かったんじゃないですかね」

コーチとしての客観的な目で試合を見つめる一方で、伊藤には学生たちの「自分たちのラグビーを貫徹したい」という気持ちがリアルに理解できた。

だから、キックを使う選択肢をサジェストしながら、学生たちがそれをメインのオプションに据えなかったことについて責める気持ちもなかった。

残り時間が20分を切って15点差という厳しい戦況を見つめながら、彼らの奮闘を見守る以外に、もはや術は残されていなかった。

決着へ

創部百周年の記念すべきシーズンを「優勝」で終えるために必要な得点が15以上となった。2トライ2コンバージョンの14点では1点及ばない。

しかし、まだプレーする時間が残っている以上、今為すべきことは下を向くことではない。前を向いて、できるだけ早く得点を挙げ点差を逆転圏まで縮めることだった。

帝京のトライ後のリスタート。

池戸が蹴り込んだボールをキャッチした帝京の6番フランカー青木恵斗《あおきけいと》が、明治の希望を粉砕するような力強いランでタックルを次々に弾き飛ばして前進する。明治がようやく青木を倒したのは、ハーフウェイラインから5メートルほど自陣に入られた辺りだ。帝京は、すかさずボールを左に展開。一気に勝負に決着をつけるべくバックスでのアタックを仕掛けた。

これに反応したのが明治のスタンドオフ伊藤だった。

伊藤は、帝京のパスコースを読み、鋭い出足で前に出ると帝京のインサイドセンター12番の大町佳生《おおまちよしき》に激しいタックルを見舞って一撃で仕留める。そして、すぐに起き上がって大町が浮かしたボールを奪い取り、前へ出た。

潰えそうになる希望の火をかき立てるようなプレーだ。

味方もすぐにサポートにつき、伊藤が倒されるとすぐにボール争奪に加わって、帝京から反則を誘う。位置は帝京陣の10メートルラインと22メートルラインの中間辺り。ゴールポスト正面だ。

キャプテンの廣瀬がレフェリーに歩み寄って、ペナルティゴールを狙うことを告げる。

まず3点を返して、ツーチャンスで逆転が可能になる12点差にスコアを縮めようというのだ。残り時間とスコアの関係を見極めた冷静な判断だった。

それまで沸き返っていた場内が静まるなか、廣瀬が蹴ったボールは右側のポストに当たりながら無事にクロスバーを越えた。

これでスコアは15対27。

帝京がリスタートのキックオフを蹴ったとき、時計は63分を表示していた。

廣瀬が、このペナルティゴール直後のリスタートを振り返って言う。

「あそこから1本トライを獲りたかったですね。ただ、帝京は簡単にトライを獲れる相手ではない。僕たちは、試合の前から、どうやって自陣から敵陣に行くかで悩んでいました。たとえば、自陣からボールを動かして攻めると、反則を犯せば相手に3点を狙われる。あるいは、ボールを奪われて一気にゴール前まで攻め込まれることもある。だから、どうやって自陣から出るかをずっと話し合っていました。でも、実際に戦った決勝では、敵陣に入っても得点できずにミスをして、何度も自陣に戻された。それが本当に難しかった」

このリスタートも、明治は「攻める」で意思を統一していた。

しかし、激しさを増す降雪のなか、キャッチする際にボールを前に落としてしまう。

反撃の芽が摘まれ、帝京にボールが与えられてスクラムとなった。

それからの時間帯で、帝京はペナルティゴールを狙ったキックがポストに当たって跳ね返り、不成功になったり、モールからロックの尹がインゴールに飛び込んだトライが、TMOで事前に反則があったと判定されて取り消されたりと、なかなかとどめを刺せずにいた。けれども、時間が刻一刻と残り少なくなるなかでは、そうやって帝京が明治陣内に居座ってプレーを続けていること自体が〝とどめ〟のようなものだった。

必然的に明治は自陣から短い時間でトライを獲りにいくために、リスクの高いオプションを選択せざるを得ず、そこでミスを犯してはまた自陣に戻されるような場面が続いた。70分には自陣からのショートキックを使ったが、3回目の試みは帝京の7番フランカー奥井《おくい》章仁《あきと》の腕にボールが収まっただけに終わった。

終盤には、頼みのスクラムで連続的に反則をとられて、そのたびに自陣に戻された。そして、77分、ついにモールから帝京のキャプテン江良にトライを奪われて万事休した。コンバージョンも決まって19点差まで開いたスコアは、もはや挽回不可能だった。

かくして創部百周年のシーズンを優勝で飾るという明治大学ラグビー部の悲願は一歩及ばずに達成されなかった。

皮肉なことに試合終了とほぼ同じタイミングで雪は小降りになり、それまで視界を閉ざしていた雪煙が消えた。クリアになった視界で1万8千374人が見たのは、凱歌を上げる帝京大学の選手たちと、涙を流して肩を落とす明治大学の選手たちという明暗のコントラストだった。

記憶に残る試合、そして「廣瀬コール」

試合が終わってチームメイトの大半がこらえきれずに涙を流しているときも、キャプテンの廣瀬は泣いていなかった。両チームが向かい合って整列し、エールを交換した直後には、帝京のキャプテン江良と笑顔で抱き合って健闘をたたえ合った。

その後も、帝京の選手たちと言葉を交わし、チームメイトを慰めて、キャプテンは気丈に感情を抑えていた。

しかし、バックスタンドのサポーターに向かって整列したときには、涙で顔が濡れていた。一礼してメインスタンド前に戻り、表彰式のために整列したときには、完全な泣き顔になっていた。

そんな廣瀬の表情をテレビカメラがとらえ、同じ映像が場内のビジョンに映し出されたときだった。メインスタンドから「ヒロセ、ヒロセ」というコールが沸き起こった。

最初は小さかったコールが、やがて大音量の「廣瀬コール」となったとき、本人は一瞬だけ、はにかんだような笑顔を見せて、直後には笑顔と泣き顔が同居したような、クシャクシャの表情になった。涙の量が増えたようにも見えた。

ヘッドコーチの伊藤は「衝撃でした」とその瞬間を振り返って、キャプテンとしての廣瀬をこう語ってくれた。

「廣瀬は、選手たちに投げかける言葉と、スタッフが感じていることへの理解のバランスが非常に良かった。地に足をつけて、やるべきことをしっかり遂行したキャプテンでした」

監督の神鳥裕之《かみとりひろゆき》の、廣瀬に対する評価はさらに高い。

こう言うのだ。

「明治には代々素晴らしいキャプテンが大勢いましたけど、そのなかでも廣瀬は、後々まで語られてもおかしくないくらいの素晴らしいキャプテンだと思います」

そして、こう続けた。

写真提供：明大スポーツ新聞部

「今シーズンは創部百周年のシーズンでしたが、僕は百周年に関するワードを極力使わないようにしていた。根底には、明治は伝統的にキャプテンのチームという思いがあった。だから、今年は廣瀬のチーム。1年1年の積み重ねがあって、それがたまたま百回目に巡り合わせたくらいの気持ちでノビノビやって欲しいと思っていた。それに、百周年という言葉も、僕が言うより学生たちのなかから出てきた方がリアルになると思っていました。でも、廣瀬は常に百周年を意識していた。その辺の彼の強さは、本当にリスペクトすべきものだと感じました。そういう意識が、日頃の練習に対する取り組みや、ラグビー以外の部分での発信、ゲームに出ていないメンバーへのコミットメントといった部分に現れていた。非常に意識の高い態度でした」

その言葉を聞いて、思わず問いかけていた。

――学生には百周年がプレッシャーではなくモチベーションだった、と?

神鳥は答えた。

「僕はそう感じています」

廣瀬は、今もあのコールが「耳に残っている」と言う。

「正直なところ、負けた瞬間は悔しかった。応援してくれるみんなの前で日本一をとれなかったのがメッチャ悔しかった。キャプテンとして、もっと何かできたのではないかという気持ちもあって、辛かった。でも、あのコールで救われました。すごく嬉しかった。あんなことはリーグワンでも起こらないことだし、なんか学生のオレがこんな経験をしていいのか……みたいな気持ちでした。あれは、明治にいたからこそ味わえた経験でしょうね」

だからなのか、表彰式を終えて出席した記者会見では、廣瀬は冷静さを取り戻していた。元日に起こった能登半島地震やこの日の悪天候に触れながら大会を無事に終えられたことに感謝の気持ちを述べてから、冒頭のコメントをこう続けた。

「決勝という素晴らしい舞台で最後までラグビーができたことはすごく幸せです。帝京さんにはかないませんでしたが、百周年という節目で今のメンバーと出会えたことを嬉しく思います。全然まったく悔いはない。後輩たちは、この悔しさをバネに、明治のラグビーが今後また百年続くように、しっかりと伝統を継承して欲しいと思います」

百周年をモチベーションにしてシーズンを戦い抜いたキャプテンは、４月から始動する新しいメンバーたちに「次の１００年」を見据えた「伝統の継承」を託して、重たいミッションを終えたのである。

決勝戦から3週間後の2月3日。

廣瀬は八幡山のラグビー部寮にいた。

翌4日に行なわれる卒部式のために、帰省していた実家から戻ってきたのだ。

そこで改めて決勝戦の詳細を尋ねると、こんな総括が返ってきた。

「雪のなかでの試合なんて、『雪の早明戦』くらいしか聞いたことがなかったし、しかもナイターできれいだった。みんな試合中に『これはホンマにオレらだけ（の経験）やで』と興奮していました。あとから聞いた話では、八幡山ではまったく雪が降らなかったそうです。本当に国立競技場の付近だけが雪で、なんかわからないけど明治のラグビーに対して何かがあったのかもしれませんね。

公式戦の結果は記録としていつまでも残りますが、いつまでも記憶に残る試合って、あまりないじゃないですか。でも、あの決勝戦は、雪で、ナイターで、しかも中断まであった。自分で言うのもなんですけど、みんなから『いい試合だった』『感動した』と言われましたし、本当に僕自身にとってもすごく記憶に残る試合だった。記憶に残る試合ができるなんて、ラグビー人生において何回もあることではないと思います」

そして、試合中に「もうないわ、この景色。これは一生に一度だ」と思った情景を語ってくれた。

それは、後半に入って15分が経過した辺り。スコアは20対12で帝京がリード。明治が帝京陣内に入ってマイボールのスクラムを組むときの情景だった。具体的なプレーで言えば、スタンドオフの伊藤がキックでウイングの海老澤を走らせる直前のスクラムだ。

折から雪が激しさを増し、カクテル光線に照らし出された雪片が白いヴェールのようにスタンドを覆っていた。

「スクラムのときは、いつもメイジコールが聞こえるのですが、そのときは帝京コールがドカンと来た。『わ、ヤバ』と思ったんですが、それをまた、より大きくなったメイジコールが一瞬でかき消した。いつも以上のメイジコールを感じたその瞬間は、今でも鮮明に覚えています。雪のなかでスクラムからは湯気が立っていて、その様子がカクテル光線に照らし出されている。僕は、試合中は集中しているのであまりそういう場面を覚えていないのですが、あの一瞬は鮮明に覚えています。本当に『明治、すげえな！』とシンプルに思っていました」

廣瀬が入学したのは20年4月。

新型コロナウイルスのパンデミックが拡大し、生活のさまざまなところに制限がかかっただけではなく、ラグビーそのものも通常のように大人数での練習ができなくなった時期だった。試合が行なわれても、観客の声出し応援は厳禁され、歓声が聞こえないのがいつの間にか当たり前になっていた。

3年生のシーズンから観客の声出し応援が解禁されたが、どこか遠慮がちで、大音量の「メイジコール」には縁がなかった。

ところがシーズン最後の決勝戦は違った。

会場の国立競技場が、スタンドの歓声が屋根に当たってグラウンドに響く構造になっていることもあるが、白熱した攻防が明治ファンの熱く大きなコールを呼び、その音量が帝京ファンの危機感を刺激してメイジコールを上回る音量を引き出し、明治ファンがさらにボリュームを上げて帝京コールに対抗した。

しかも、スクラムの組み直しが続く間、その後ろに立つ廣瀬の視界に入るのは、湯気の立つスクラムとカクテル光線に照らし出された雪のヴェールだ。そんな印象派の絵画のような情景に、左右から「メイジ、メイジ」「帝京、帝京」と大音量のコールがかぶさって響く。

紫紺のジャージーにあこがれて熱狂的なファンを持つ明治大学ラグビー部の門を叩き、そのなかで成長して18歳から22歳までの多感な時期を過ごした大学生に、この光景が、いつまでも記憶に残る鮮烈な「絵」となって刻み込まれたことは想像に難くない。

確かにこの試合は「記憶に残る」決勝戦だった。


こちらも決勝戦から日を置いて行なったインタビューで、ヘッドコーチの伊藤はキックをほとんど使わなかった学生たちの戦い方をこう評した。

「彼らが試合を終えて100%やり切ったと思うのであれば、僕はそれでいいと思います。でも、キックを使った方が勝つチャンスはあったかな、と思っています」

伊藤の言葉を意訳すれば、学生たちは公式記録に残る競技スポーツとしてのラグビーの勝利をリアルに追求するよりも、「自分たちらしさ」「明治らしさ」を完遂することを選んだ——ということになる。

だからこそ、この試合は学生たちの記憶に長く残り続けるのだろう。

どちらが良い悪いという話ではない。

伊藤が、競技スポーツにおける勝利を追求するコーチとしてはそのことに釈然としない思いを抱きながらも、1年間学生たちを指導してチームを作り上げた大学ラグビー部のコーチとしては認めざるを得ない——というアンビバレントな感情を抱いているのと同様に、学生たちの心のなかにも「こうすれば勝てたのではないか」という小さな悔いが、記憶とともに長く残ることだろう。

それこそ、100年の歳月を経ても。

かくして明治大学ラグビー部は創部百周年のシーズンを準優勝で終えた。

「大学日本一」という結果ではなく、長く語り継がれるであろう決勝戦を戦った記憶を、多くのラグビーファンの脳裏に刻み込んで。

第2章　１００年の歴史が凝縮したシーズン

1922年に創部され、翌23年に正式な部として承認された明治大学ラグビー部は、2023年に「創部百周年」を迎えた。

大学の名門ラグビー部の創部百周年だ。当然、ファンもメディアも百周年のシーズンを優勝で飾ることを期待する。

それはまた、部員たちが、彼らの大きな期待を背負ってシーズンを戦うことを意味している。それが果たしてプラスに働くのか、重圧となってマイナスに働くのかは、シーズンが始まってみなければわからない。

だから、監督の神鳥裕之は、自ら「百周年というワードを極力使わない」よう心がけた。それは監督が学生たちに向けて口にするより、学生たちが自ら口にする方が「リアルになる」と考えたからだった。

「キャプテン主体のチーム」という伝統

神鳥には「明治は伝統的にキャプテン主体のチーム」という思いもあった。

明治のラグビー部は、1929年から96年5月28日に95歳で生涯を閉じるまで67年にわたって監督として君臨した北島忠治《きたじまちゅうじ》の存在が、今もなお大きな精神的支柱となっている。

その北島が求めたのが、学生の「自主性」だ。

学生が自主的に部を運営するには、必然的にリーダーとなる中心的な存在が求められた。心の役割を担ったのがキャプテンだった。特に北島の晩年は、キャプテンが学生のリーダーたちと話し合い、練習メニューを考えたり、シーズンをどう戦うのか方針を定めた。

神鳥は93年入学で、1年生のときのキャプテンは、のちに神戸製鋼で長く活躍し、日本代表としても4度のワールドカップ日本代表に選ばれた元木由記雄《もときゆきお》だ。このシーズンは、元木自身の言葉を借りれば「本当に勝ちたい思いが強くて、メッチャきつい練習をやった」シーズンであり、その甲斐あって、前年に失った大学王者の称号を取り戻している。

そして、神鳥が上級生となった95年度、96年度は、大学選手権を連覇している。

キャプテンが中心となって部を運営し、監督の北島や当時のヘッドコーチ寺西博《てらにしひろし》がそれをサポートしてアドバイスを送るという構造で、明治が大学ラグビーの頂点を極めた時代だった。

もちろん、当時と今ではラグビーを取り巻く環境が大きく変わっている。

現在では、学生が実質的に戦い方を決めるような運営では、さまざまなテクノロジーを駆使し、緻密な分析でトレーニングメニューから細かい戦術までを決めていく現代ラグビーを勝ち抜くのは不可能だ。

学生時代を晩年の北島の傍らで過ごした神島自身も、卒業後に、ジャパンラグビートップリーグ時代のリコーブラックラムズでプレーヤーとして活躍し、現役を退いてからは監督も務めた。そうした経験から、ラグビーの最先端をしっかりと把握している。

だから、現代ラグビーの知見を明治に導入し、神島以下のコーチングスタッフがきめ細かく学生たちをサポートする体制を築いている。その一方で、北島の遺訓ともいえる「前へ」という言葉の意味を学生たちに考えさせたりしながら、北島イズムのエッセンスを継承しようとも考えている。

「明治はキャプテン主体のチーム」という言葉には、神島たちスタッフの知見を学生たちが最大限に活用しながら、そのなかで各学年に合ったカラーのチームを作り上げてほしいという願いが込められているのだ。


神島が言う。

「明治のラグビーのベースには、大学で体力（フィットネス）や強さ（ストレングス）といった強固な下地を作って、細かい知識やテクニックは社会人で身につけて成長すればいい、という北

2021年6月より明大ラグビー部を率いる神鳥裕之監督。
大学時代にはナンバーエイトとして活躍し、1年、3年、4年時に
大学選手権優勝に貢献した（写真提供：明大スポーツ新聞部）

島先生の考え方があります。僕も基本的には同じように考えています。

ただ、海外には、18歳、19歳でスーパーラグビーのチームでトップレベルのコーチングを受け、オールブラックスといっしょにプレーしている選手がいる。あるいは、代表に選ばれてワールドカップで活躍している選手もいる。日本でも、大学を飛び越えてジャパンラグビーリーグワンでプレーしている選手がジャパンに選ばれています。そういう現実を見ると、明治でどれだけラグビーを学べるかということも、時代の流れに応じて必要になる。だからこそ、ここで受けるコーチングをレベルアップさせることが大事だと考えています」

しかし、学生たちを手取り足取りして教える

つもりはないと言う。

「選手たちをガチガチに枠にはめて手取り足取り教えるのは違うと思います。急に学ぶ方向にシフトチェンジしてしまうと、明治が明治でなくなってしまう。だから、キャプテンを中心に戦ってきた明治の文化を大切にしながら、少しずつ指導者が教えるコーチングを取り入れていく。そういう環境を整えないと、競技レベルに置いていかれる可能性がある。そのバランスを、監督というポジションの人間は見ないといけない。たとえば反復させたり、考えさせたりすることの重要性を気づかせてあげるような……。

つまり、ティーチングというよりはコーチングですよね。手取り足取り教えるのではなく、自分たちで課題を見つめながら、指導者と対話しながら、チームを作り上げる。そういう環境を整えることが、僕たちスタッフの仕事になる。あくまでも学生たちに考えさせたいので、僕は、教えるという意味のティーチングではなく、目標に導くためのコーチングという言葉を使うんです」

そして、百周年に臨む今の体制に自信を覗かせた。

こう言ったのだ。

「今の若い子たちは、ラグビーに対していろいろな情報を持っています。だから、大学に入ってラグビーの知識を教えられないのではフラストレーションが溜まる。そのバランスをどうとるか。ある意味、学生たちが頭でっかちになっている部分だってあるし、それに対してきちんと対峙できる指導者でないと、なめられてしまう。今の明治は、その点で非常にバランスが良いと思います。学生に『おまえたちで考えろ』と突き放して考えさせるときもあれば、教えられたことをしっかりとやってほしいときは、こちらからきちんと伝えていますからね」

そして到達したのが、百周年を、歴代のキャプテンたちが毎年毎年作り上げたチームの積み重ねが「たまたま百回目に巡り合わせた」と考える境地だった。

「ONE MEIJI」のスローガンに込められた思い

キャプテンの廣瀬雄也をはじめ、２０２０年に明治大学ラグビー部に入部した部員たちは、入学と同時に4年生で創部百周年のシーズンを迎えることを告げられていた。だから、「百周年」を重圧と考えるのではなく、自分たちのモチベーションにしようと考えていた。

廣瀬が言う。

「1年生の入寮式のときに、４年になったシーズンに百周年を迎えると言われたのですが、そのときはあまり実感が湧かなかった。でも、明治の伝統とか紫紺のジャージーへの思いをどんどんわかっていくうちに、『百周年、ヤバいな』という気持ちになってきた。2年生、3年生のときからメッチャ楽しみにしていました。そのときからもう百周年はプレッシャーではなかったですね。百周年のシーズンにラグビーをできることが、メッチャ楽しみだった。しかも、自分たちの代は仲が良く、メンバーもそろっていたので、絶対に結果を出そうと楽しみにしていたんです」

4月からの新年度を前に、自分たちの代のスローガンをどういう言葉にするか4年生全員で話し合ったときも、やはり百周年を意識した議論となった。

「話し合いは、まずどのようなチームにしたいのか、から始めました。今年は百周年という節目の年でもあるので、もちろん日本一という結果を目指すのですが、それよりも百周年という節目に、もう一度明治の伝統やプライドをしっかり引き継いで、日本一カッコいいチームを作らないと、その先の結果も出てこないのではないか――という話になりました。スローガンとしては、『ONE MEIJI』以外にも『継承』など、いろいろといい言葉が出てきましたが、ONE MEIJIという言葉が、そのなかで出てきた言葉にすべて当てはまった。まず明治自体が一つにならないとファンの方もついてこないし、いいチームを作り上げていくことができない。そういう理由でONE MEIJIを掲げることになりました」

そうして決まったスローガンを、監督の神鳥に報告した。

神鳥は、このときのやりとりを次のように記憶している。

「ONE MEIJIというスローガンを持ってきた廣瀬に、これにはどういう意味があるかを尋ねたら、彼は、『今チームに関わっている選手だけではなくて、スタッフも、OBも、応援してくれる方々も含めて、みんなで一つになって戦いたい』という話をした。そのとき、自分に関わるすべての人をリスペクトする彼の人間性を感じました。もちろん、口で言うのは簡単ですが、廣瀬は、それを1年間体現し続けられる選手だった。根底には、前の年の石田《いしだ》吉平《きっぺい》たちの代の思いも背負って戦いたいという気持ちがあったのでしょう。石田たちの代は、ここ最近で一番成績が悪かった（準々決勝敗退）けれども、廣瀬自身にも『4年生に申し訳ない』という気持ちがあった、と聞いたことがありますから」

同じようにスローガンに込めた思いを聞いたヘッドコーチの伊藤宏明は、廣瀬たち4年生を指して「僕がコーチをした6年間で、前の年の代を〝ディスらなかった〟初めての代」と、冗談めかして評した。

「ディスる」という言葉が当てはまるかどうかはともかく、確かに毎年メンバーが入れ替わる

2018年に明大ラグビー部のBKコーチ就任し、その後はヘッドコーチとして指導に当たった伊藤宏明。を率いる神鳥裕之監督。大学時代は田中澄憲とハーフ団を組み、大学選手権準優勝に貢献した（写真提供：明大スポーツ新聞部）

大学スポーツでは、前年度のチームを良い点、悪い点まで含めて検証し、新年度にどう臨むかを考えるのは自然なことだ。そういう意味も含めた「ディスる」なのだが、伊藤の説明はこうだ。

「これまでは、『去年のチームのこういう部分が良くなかったから、オレたちはこういうふうにしたい』という形が多かったんです。あるいは、どこからともなく『去年のような代にはしたくない』という声が聞こえてくるようなこともあった（笑）。例外は、僕がコーチになって2年目の、武《たけ》井《い》日《ひ》向《なた》がキャプテンのチームで、前年には福《ふく》田《だ》健《けん》太《た》がキャプテンだったチームが22年ぶりの優勝を遂げていた。武井たちは、前の4年生をディスらなかったけれども、『自分たちのチームで勝ちたい』という強い思いで前の年とは違うチームを作り上げた。つまり、今までは1年1年でチームづくりが寸断された感じだったんです。でも、廣瀬たちが前年の石田たちの代の思いも継承して風通しの良いチームを目指したおかげで、チームづくりが2年計画のような形で積み上げられた。そんな印象を持ちました」

廣瀬もこう話す。

「1年間を通して完璧なチームなんてないと思うんです。どこかしら必ず課題はあるし、課題があるからこそ次の年のチームがいいチームになっていく。だから、ネガティブな部分に目を向けるのではなく、いいものを伸ばしたいと思った。石田さんたちのチームはベスト8で終わりましたけど、そのチームにも良いものはたくさんあった。それだけではなく、その前の飯沼《いいぬま》蓮《れん》さんや箸本《はしもと》龍《りゅう》雅《が》さんたちの代のいいところもどんどん引き継いで、いい伝統を今年1年で作って後輩たちに引き継ぎたかった。明治のラグビー部は１００年続いているのだから、その間に引き継がれた良さをしっかり伸ばしていきたい。そうみんなで話し合いました」

廣瀬の思いは、それだけにとどまらなかった。

北島イズムの核心とも言える「前へ」と「重戦車フォワード」という二つの言葉も継承して、ONE MEIJIのなかに組み込もうとしたのである。

いや、むしろ廣瀬が強く継承したいと考えていたのは、この二つの言葉だった。

「学生スポーツで、4年生が一つになるのは当たり前のこと。だから、それよりも僕は明治のラグビーを取り戻したかった。その気持ちが一番強かったかもしれません。今のラグビーはシステム化されて、考えることが大事になっていますが、それも大切にしながら、北島先生がずっとやってきた『前へ』という部分と『重戦車フォワード』の部分を伸ばしたかった。百年も続いた伝統が、現代ラグビーのなかで少しずつ薄れているのかなと思っていたので、それをもう一度取り戻して勝ちたい——明治のラグビーを取り戻して勝ちたいと思っていたのです。その考えは、神鳥さんや宏明さんともマッチしていて、チームのスタート時点からそこに関してはずっと力を入れていました」

昭和の匂いがする「前へ」と「重戦車」という概念を、2000年代に入って生まれた学生たちが「取り戻して勝ちたい」と言い切るところが面白い。

特に、フォワードではない廣瀬が、なぜ重戦車にこだわるのか、興味を惹かれた。

廣瀬から返ってきた答えは、「明治のプライド」だった。

「フォワードもバックスも関係なく力強く前に出るのが明治のラグビーだと思います。でも、やはり明治はフォワード。今は帝京大学がフォワードに力を入れて強化をしていますが、そこは明治のプライドとして勝たないといけない部分。それにフォワードが前に出てくれれば、バックスとしても戦いやすいし、自信になる。明治のフォワードが、スクラムで相手からペナルティをとるとすごく士気が上がる。他の大学とは明らかに士気の上がり方が全然違うんです。だから、そういう部分を大事にしたかった」

現実は、決勝戦で対戦した帝京のフォワード8人の合計体重は864キロ。明治は40キロ以上軽い820キロだ。1人平均で計算すれば、5・5キロ軽い。だから「重戦車」という呼称が正しいかどうかは微妙なところだが、その分、アシスタントコーチの滝澤佳之《たきざわよしゆき》がスクラムを徹底的に鍛え上げた。

加えて、しっかりと目標を立ててフィットネスを鍛え、機動力でも他校を圧倒して、15人で大きくボールを動かす現在のラグビースタイルに適合させることを目指した。神鳥は、フォワードの完成形を、機動性と重量感を併せ持った「ハイブリッド重戦車」と名づけた。

昭和に生まれたコーチ陣は、自分たちの現役時代から続く伝統の概念をノスタルジックにとらえてプレースタイルを逆戻りさせるのではなく、現代ラグビーの流れに沿って解釈し直し、新しい戦術を提示して学生たちに落とし込んだのである。

「前へ」という言葉も、非常にシンプルでわかりやすい反面、何も工夫せずまっすぐ前に走るだけでは、現代ラグビーの発達したディフェンス網に絡め取られて試合そのものを壊しかねない概念だ。だから、廣瀬たち若いバックスは、伊藤からのアドバイスを受けて「デストロイ」と「スマート」というキーワードに置き換えて、それを実行しようと試みた。

破壊することを意味するデストロイは、廣瀬によれば「タテに強く走り込むことで相手に怖さを与える」という文脈で使われる。個々の選手が強く走り込めば、やがて明治の選手1人に対して相手が複数でディフェンスするようになる。そうなれば、それだけディフェンスに並ぶ人数が減るからスペースが生まれる。そこで「空いたスペースにボールを運ぶ賢さ」を発揮するのだ。

「タテに強く走り込む」のは、明治のバックスが伝統的に貫いてきたスタイルだが、それを利用して相手のディフェンスを接点に寄せ集め、そうして生まれたスペースにボールを運ぶ「スマート」さが、百周年のチームで練習された新しい「前へ」だった。

フォワードも、シンプルにボールを持って相手に激しくクラッシュするだけではなく、春先から、短いパスで相手が狙っているタックルポイントを外して前に出るようなボールの動かし方を練習した。

詳しくは後述するが、準決勝の京都産業大学戦ではこの戦い方が功を奏した。試合後の記者会見では、敗れた京産大のキャプテン三木皓正《みきこうせい》が「バックスもフォワードもショートパスをつながれて、それで、どうしてもダブルタックルがしづらい状況になった」と発言し、続いて行なわれた明治の会見では、神鳥に、ショートパスが準決勝に向けた戦術だったのか質問が相次いだ。

神鳥の答えは、「この１年間を通してチームのアタックとして準備してきたこと」だった。伊藤も、今回の取材で、「１年間積み上げたオプションのなかから、相手に通じるオプションを選んだという感じです。実際、急に練習してできることではないですから」と答えている。

百周年という節目の年に伝統的な北島イズムのキーワードを持ち出した学生たちに、神鳥たちは、これらの概念にトップレベルでラグビーに携わった知見を上手くアレンジして伝え、彼らの能力を最大化しようとした。

それが、コーチ陣も含めて「ONE MEIJI」となった23年度のチームだった。

「ジェットコースターのような試合」が引き起こした波紋

シーズンが始まると、明治は10月１日に対戦した筑波大学に苦戦した以外は、快調に序盤戦で白星を重ねた。

筑波戦は、前半20分を経過する辺りで明治が連続トライを奪って14対0とリードしたが、前半終了間際に筑波に連続トライを返されて14対14でハーフタイムを迎えた。後半に入ると、立ち上がりにトライを奪われて7点を追いかける展開になったが、2番フッカー松下《まつした》潤一郎《じゅんいちろう》のトライと廣瀬のコンバージョンで同点に追いつき、最後の20分間に3トライをたたみかけて40対21と勝ち切った。

明治が所属する関東大学対抗戦グループAリーグは8チームで構成されている。前年度に、同グループに所属する帝京と早稲田大学が、全国大学ラグビーフットボール選手権の決勝戦を戦っているため、前年度優勝チーム所属リーグと同準優勝チーム所属リーグに1校ずつ選手権出場権が与えられる規定に従って、対抗戦グループは上位の5校が大学選手権に出場することになっている。

実力的には、帝京、明治に加えて、早稲田、慶應義塾大学、筑波の5チームが選手権に駒を進めると見られていたが、1位と2位はシードされて12月23日の準々決勝からの登場となる。3位以下になれば、その前週の12月17日にベスト8進出をかけた試合を戦わなければならない。しかも、勝っても、次戦の準々決勝までの試合間隔は中6日で調整が難しい。

写真提供：明大スポーツ新聞部

当然、どのチームも準々決勝から登場する余裕のある日程を求めて順位争いに必死となる。そんな上位校同士のバトルの第一関門が筑波戦であったわけだ。

そして、選手権でのシードをかけた争いが本格化するのは、明治にとっては11月5日の慶應戦からだ。この試合を皮切りに、2週間ずつの間隔を置いて帝京、早稲田と負けられない相手との真剣勝負が続く。創部百周年のシーズンに最高の結果を出すためにも、全力で立ち向かわなければならない3連戦だった。

11月5日。

明治は、熊谷スポーツ文化公園ラグビー場で慶應との対戦を迎えた。

前半は順調だった。

試合開始からの5分間で2トライを奪い、廣瀬がいずれもコンバージョンを決めて14対0とリードを広げ、16分にも3番プロップ為房慶次郎がトライを追加した。これで19対0だ。21分には慶應にトライを返され、12点差に詰め寄られたが、そこから連続トライで点差を広げ、慶應にもう1トライ奪われたものの、ハーフタイム直前にふたたび連続トライを挙げて、前半だけで47対14と大差をつけた。さらに後半に入っても最初にトライを記録したのは明治で、試合時間がラスト20分となる辺りでは54対14と40点差がついていた。

コーチ席で見ていた神鳥は、「彼らのポテンシャルはすごい。いったい何点とるんだろう」となった。後半の残り時間が20分となるまでは、学生たちの能力を最大化させたときにできあがるチームを想像する余裕があったのだ。

ところが、そこから試合の流れがおかしくなる。

慶應に連続トライを許して点差を詰められ、明治も連続トライを奪い返したが、試合終了までの5分間にまたもや連続トライを奪われた。最終スコアは66対40で、明治は10トライを記録したが、慶應にも6トライを奪われた。何よりも、前半40分間は47対14と圧倒したのに、後半

40分間のスコアだけを見れば19対26で慶應に上回られている。

神鳥は困惑した。

そのときを振り返って、神鳥が言う。

「慶應戦は、いろいろなものが見えた試合でした。すごく印象的でしたし、監督としてどう総括すればいいのか悩んだ試合でもありました。選手たちのポテンシャルがメチャクチャすごいと思った一方で、後半の最後には、なんでこんな簡単にトライを獲られるんだ、とも思いました。ジェットコースターに乗ったときみたいに、いろいろな景色が見えた。うん、チームの潜在能力を感じた試合でしたね。『どうやったら、彼らに最高のパフォーマンスを80分間続けさせることができるのだろうか』と考えるきっかけになりました」

問題は、後半の連続失点をどう総括するか、だった。


キャプテンの廣瀬にとっても、慶應戦終盤の大量失点は悩ましい問題だった。

このシーズン、チームを一つにするために、八幡山の寮では週に2回、あるいはそれ以上の頻度でリーダーミーティングが行なわれていた。

このミーティングには、キャプテンの廣瀬、バイスキャプテンの山本嶺二郎をはじめ、アタック、ディフェンス、ブレイクダウンといったプレー面を担当するリーダーと、ルビコン（トップチームのペガサスに次ぐチーム）の代表といったメンバーが参加し、毎回出席する学生は10名程度になる。そこに神鳥や伊藤をはじめ、コーチングスタッフも加わる。

次に迎える試合に向けた準備をするための、大切な集まりだ。

当然、このミーティングでも慶應戦終盤の失点が議題となった。

廣瀬は、ミーティングを前にヘッドコーチの伊藤と話し合い、単純に「ここが課題でした」と指摘するだけに終わらせず、「では、その課題をどう次に生かすのか。そのためにどういう練習をするのか」までを話し合うミーティングにしようと考えていた。

しかし――。

このミーティングが、チームの根幹に多大な影響を及ぼしかねない事態を招くことになった。それまでは表面に出てこなかった、チームのなかの小さな亀裂が明らかになったのである。

葛藤

亀裂は、先発で試合に出るスターティングメンバーの15人と、途中から交代で試合に出場する8人のリザーブ間に横たわるコミュニケーションの不足という形で現れた。

慶應戦のラスト20分間のパフォーマンスが良くなかったことを疑問に思った伊藤が、スターティングメンバーに声をかけて「何があった？」と尋ねたところ、彼らが口を揃えるように「リザーブが……」と言って、ミスの原因を途中から試合に出た選手たちに負わせるような発言を返してきた。

リーダーミーティングの場でも、やはり先発メンバーから「リザーブが上手くプレーできなかった」といった発言が出た。

これに対して、今度はリザーブの側から「（試合中に）先発の15人だけで話し合っているから、あとから交代で入ったリザーブはすごくやりづらい」と反論の声が上がった。

さらに、何度も行なわれたミーティングのなかで、先発メンバーから「ジュニアのメンバーのプレッシャーがないんで……」みたいな発言が飛び出して、これが伊藤の逆鱗に触れた。

ジュニアとは、公式戦に出場機会のない、または少ない選手たちで構成されたBチームのことで、普段は試合に出場するAチームの練習で相手役を務めている。そして、各校の同じカテゴリーのチーム同士で毎年関東大学ジュニア選手権を戦っている。しかも、明治のジュニアは、10月22日にこの大会で帝京のジュニアを29対28と破っていた（11月26日に行なわれたプレーオフ決勝戦では帝京に15対34で敗れて準優勝)。

発言した本人はのちに「あれは言い間違いでした」と訂正したが、伊藤にとっては見逃すことのできない発言だった。

だから、怒った。

「帝京のジュニアよりも強いメンバーが普段からAチームにプレッシャーをかけているじゃないか。じゃ、帝京のメンバーは、明治のジュニアよりも弱いチームと練習しているから、ミスが起こったら『ジュニアが……』と言うと思うか？　それじゃONE MEIJIじゃないじゃないか。どうなっているんだ、このチームは！」

4年生たちが全員で話し合って決めたスローガン「ONE MEIJI」が揺らぐような雲行きだった。


キャプテンの廣瀬も悩んでいた。

いっしょに慶應戦に先発したメンバーから「リザーブの選手が入ってからが課題だ」という声をいくつも聞き、試合を客観的に振り返れば、確かに現象的にはリザーブの選手がグラウンドに入った瞬間に失点するような場面もあった。だから、彼らの言うことも理解できたが、一方で、「これはリザーブだけの責任なのか」という疑問も持っていた。

廣瀬が振り返る。

「慶應戦は、僕たちが思い描いたラグビーがある程度できて、後半の20分近くまで54対14とスコアを広げました。失点したのはそのあとですが、もしリザーブがディフェンスのシステムをわかっていなかったとしても、あれだけ完璧にゲームを運べた自分たちなら、持っているものをリザーブにもっと落とし込めたのではないか。そういう思いがありました。ただ、あのときは僕もちょっと精神的にパンパンで、自分が思っていることを言ってもそれが正しいのかどうか確信が持てなかった。でも、宏明さんがバーッと言ってくれたときに、僕も宏明さんの意見に近かったので、すごく納得したし、ちょっと安心したところがありました。だから、宏明さんに続いて、お互いの考えを仲介できるような意見を言うことができた」

このとき伊藤は、感情にまかせて怒ったわけではなかった。コーチとして、先発した15人が犯したミスと、リザーブの8人が犯したミスを数え、その場面を映像にまとめてミーティングの材料とした。

そして、ミーティングの場で「おまえたちは、ミスはリザーブが……と言うけど、ミスを全部拾ったんだよ。ネガティブなミーティングになるけど、ちょっとこれを見せる」と切り出して、ミスの場面を編集した映像を見せた。伊藤がカウントしたミスは、先発組が10いくつかあったのに対してリザーブのミスは4つ程度だった。

それを見て、リザーブを責めていた選手たちも「ああ、これは僕たちのミスですね」と納得した。

これで一件落着――となりそうだったが、伊藤のなかにはまだ釈然としないものが残っていた。この間に濃密なミーティングを重ねるなかで、Aチームのメンバーに余裕がないように感じられたのだ。

だから、学生たちに練習メニューを考えさせるという〝荒療治〟に打って出た。

伊藤が当時を振り返る。

「明治は18年度に田中澄憲《たなかきよのり》（前監督）がヘッドコーチに就任して以来、コーチ陣から学生に情報を提供することが多くなったんです。プレーの面で『こうしよう、ああしよう』とか『練習内容はこうしよう』と、全部デザインするようなところもあった。学生たちもそれに慣れて、『次は何をするんですか？』と指示を待っているように感じられた。でも、訊きにくる気持ちはわかるけど、それよりもまず自分たちで考えなければならない。

Aチームの選手たちまで自分で考えずにコーチが示すメニューを待っているような状態なの

に、そんな彼らがリザーブたちとコミュニケーションを取らないのは、どこか間違っているのではないか。本来ならば、僕たちコーチ陣がAチームのメンバーに伝えたことを、今度はメンバーたちがリザーブやBチーム以下の選手たちに伝えなければならないのに、自分たちでストップしておいて、ミスが起こるとリザーブに『できていない』と言う。

だから、『そこまで言うのならば、全部自分たちでやってみればいいじゃないか』と突き放した。帝京戦まで2週間の間隔があったので、最初の1週間の練習メニューや帝京戦の戦い方を学生たちに任せてみたんです」

ヘッドコーチとAチームのメンバーの葛藤が、学生たちに練習メニューを考えさせるという事態に及んだとき、神鳥は俯瞰的な立場からことの成り行きを見つめていた。

神鳥の目から見ても、慶應戦の最後の20分についての学生たちの総括が「浅いレビューに終始した」ことは明白だったし、伊藤の意図が「それで帝京に勝てるのか？　もっと深い議論をしろ」と促すことにあったことも理解していた。

「これからいよいよ帝京、早稲田という強い相手と戦うときに、今までと同じようなマインドで戦えばチームとして伸びなくなると、宏明は判断したのでしょう。だから、そういう思惑で刺激を与えたのだと思います」

そう神鳥は振り返ったが、秋の帝京戦という大一番を前に、監督として内心「ハラハラしていた」のも事実だった。

だから、伊藤に「大丈夫か、学生たちは動揺していないか？」と尋ねたし、「ちゃんと着地点を考えているのか？」と訊いたこともあった。

伊藤の答えは「大丈夫です」「着地点は考えています」だったが、この葛藤がプラスに作用するのか、マイナスに働くのか、帝京戦に向けて気をもむ日々が続いた。

キャプテン離脱の衝撃

11月15日。

帝京戦を前に、練習に励んでいたチームに衝撃が走った。

キャプテンの廣瀬が足を痛めたのだ。

練習着のままグラウンドからいったん寮の自室に運ばれた廣瀬は、痛みのあまり服を脱ぐことさえできずにいた。チームにとっては、とてつもない痛手だが、一番苦しみ、痛みを感じたのは、廣瀬本人だった。

廣瀬は、東福岡高校時代にも、3年生になった4月に右肩を脱臼骨折する重傷を負い、約半年間チームを離れたことがあった。懸命のリハビリで、12月から東大阪市花園ラグビー場で行なわれる全国高校ラグビーフットボール大会にはなんとか間に合ったが、それから4年経って、そのときの記憶が今の自分に重なった。

「またキャプテンでケガをしてしまった……」

チームは今、帝京戦に向けた調整の最終段階にいる。しかも、その2週間後の12月3日には百回目の対戦となる早稲田との定期戦が国立競技場で行なわれる。その日には、家族や友人が観戦に駆けつけ、応援してくれることになっていた。

ケガした瞬間の痛みから、帝京戦はもちろん、早稲田戦で家族や友人に晴れ姿を見せることも、12月から始まる大学選手権の最初の試合に出場することも、できそうにないと悟った廣瀬は、気がついたら涙を流しながら母親に電話をかけていた。

「今年はもう終わった……」

キャプテンでもラグビー部員でもない22歳の廣瀬が、誰もいない自室で吐いた弱音だった。

すぐに運ばれた病院で診察を受けたところ、左足太もも裏の重度の肉離れで全治8週間という診断が下された。百周年のシーズンがいよいよ正念場を迎えるタイミングで、チームの大黒柱が戦列を離れることになったのである。

しかし、廣瀬の気持ちが切り替わったのは、診断を聞いた直後だった。

全治8週間。

懸命にリハビリに励み、コンディションを整えれば、チームが1月13日に行なわれる大学選手権決勝まで勝ち進んだときには復帰できる可能性が見えた。回復までの時間が具体的に示されたからには、ケガしたことを嘆いて落ち込んでいる時間がもったいない。

それが、廣瀬がたどり着いた心境だった。

廣瀬が振り返る。

「診察で大学選手権に間に合わないと言われたらどうなったかはわかりませんが、ギリギリ間に合うという話でした。とにかく自分のケガが何なのかわからないと、どういうリハビリをすればいいのかもわからなくて、気持ちが落ち着かなかった。でも、ケガがどういう状態で、復帰までこのくらいという目安がわかってからは、気持ちを切り替えることができました。いくら嘆いてもケガした前の日に戻れるわけではないし、あとは自分で頑張るしかない。逆に、このリハビリを経て、ケガする前よりもっといい状態で戻ろうと思いました。キャプテンとしては、そういう行動で見せることしかできないですからね」

廣瀬は、懸命にリハビリを続けながら、Ａチームだけではなく、ルビコンの練習もすべて松葉杖姿でグラウンドに立って見た。

神鳥は、それを負傷した選手の「お手本のような態度」と評したが、廣瀬にとっては、自分にできるチームへの貢献を果たすことが精神的にプラスに働いた。

「具体的な目標ができて、すごくマインドが楽になりました。復帰までを考えると目標が大きくなり過ぎるので、まずは明日、あさってまでにこれを絶対にしようとか、小さい目標を立てることでマインドを保てたし、帝京戦、早稲田戦と大事な試合が続く時期だったので、自分の身体だけではなくて、毎日しっかりグラウンドに立って、みんなのサポートをしようという気持ちになりました。ケガをしても、やることがいっぱいあったので、自分に対してネガティブになる時間は逆になかったですね」

しかし、廣瀬の献身的なサポートも及ばず、明治は帝京に11対43で敗れた。

帝京に先制トライを許しながらもモールからトライを返し、前半30分過ぎまでは８対12と食い下がった。しかし、後半の残り20分で3連続トライを奪われ、アタックでも後半開始早々にペナルティゴールの3点を加えただけにとどまった。

32点差のスコアが物語るように、内容的にも完敗だった。

慶應戦の総括からチーム内に亀裂が走り、帝京戦までの2週間の準備期間のうち、最初の1週間を学生に練習メニューを考えさせるなどした試みも功を奏しなかった。キャプテンの廣瀬が負傷で離脱したことも、もちろん計り知れない影響を与えた。

試合後には、バイスキャプテンの山本や、10番のスタンドオフとして司令塔の役割を担う伊藤耕太郎が、廣瀬に「なんでやろ?」「何がアカンかったのか?」と疑問をぶつけてきた。

ところが——当の廣瀬は「逆に負けて良かった」と内心で思っていた。

こんな理由からだ。

「あの試合は、最初から明治のラグビーをしていなかった。タッチライン際で見ていて、明治のラグビーではなく、帝京戦のためのラグビーをしているような感じだった。『前へ』とか、明治のプライドを取り戻そうと言っていたのに、小手先でやっていたような部分があったんです。試合中から、大事なものを忘れているような気がしたので、大差がつくのは当たり前だよな、というのが正直な気持ちでした。だから、そこに気づけて良かった。

写真提供：明大スポーツ新聞部

それに、この敗戦で対抗戦の優勝は消えたかもしれないけど、まだシーズンが終わったわけではない。チームはずっといい状態で来ていたので、逆にこういう落とし穴があって、また這い上がる課題が出たのが大事だなと思いました。だから、あまりショックを受けなかった。僕自身が試合に出ていたら、けっこうメンタルが落ちたかもしれませんが、外から見た分、帝京の良さも見えたし、明治のもろさも見えた。外から見ると、こんな気づきもあるんだ――そんな、新たな発見をしたみたいな気持ちでした」

神鳥は、試合が終わった直後から「今日は負けたけど、落ち込んでいる暇はない」と、気持ちを切り替えていた。というのも、２週間後には早稲田との対戦が控えていたからだ。しかも、早稲田は11月5日に帝京と対戦し、残り10分まで21対24と食い下がり、最後は連続トライを奪われて21対36で敗れたが、これがその時点で対抗戦グループでの、帝京との最小得失点差だった。ライバルであることはもちろん、このシーズンの早稲田の実力を考えても、万全の準備をして臨まなければならなかった。

学生たちも同様で、敗れた直後はさすがにショックを受けていたが、すぐに早稲田戦に向けて気持ちを切り替えた、と神鳥は見ていた。

「確かに選手たちはショックは受けていましたけど、2週間後には早稲田戦が控えていた。しかも、帝京対早稲田のスコアが今季で一番競ったスコアだったので、『このままじゃヤバいぞ』という雰囲気のほうが、負けたショックよりも大きかったように見えました。それに、帝京とは、大学選手権を勝ち上がればもう一度対戦するチャンスがあるので、いつまでもショックに浸っていられなかった、というのが正直なところでしょう。結果的に、次の試合まで時間がなかったことが良かったのかもしれません」

廣瀬も、「対抗戦の優勝がなくなったことで、大学選手権では帝京と反対側の山に入るから、次に帝京と対戦するのは決勝戦。これが、ストーリー的にもいいと思った」と、当時の気持ちを振り返っている。

しかし、こうした話を聞いて素朴な疑問が湧いた。

——帝京戦を前に、チームに亀裂が走るようなミーティングでのやりとりがあり、しかもキャプテンが全治8週間のケガで戦線を離脱。そうして臨んだ帝京戦に32点差で敗れた。そういう事情を考えれば、通常は「オレたちはもうダメだ」とか「これでは早稲田に勝てないのではないか」といったネガティブな気分が生じるのではないのか？　それなのに、明治は、監督やキャプテンだけではなく、選手たちまでもが敗戦で受けたショックを短時間で払拭し、次の早稲田戦に勝つことを前提に気持ちを切り替えている——もっと言えば、廣瀬がケガからの復帰スケジュールを、チームが勝ち進むのを前提に立てていることもそうだし、帝京との大学選手権決勝での再戦を願う気持ちといい、明治の発想には常にチームの勝利が前提にある。

それが、明治の伝統なのだろうか——？

そう問いかけると、神鳥は、虚を突かれたように一瞬、息を溜めてからこう答えた。

「確かに、試合に負けても『終わった』とか『負けた』とか『次も勝てないんじゃないか』というマインドにならないところが明治にはあります。それが、これまで培われてきた文化であり、強みでしょうね。もちろん、『これではマズい』とか『このままではダメだ』という危機感は持ちますが、それも『では、勝つためにはどうすればいいか』という方向に気持ちが向く。それが明治の強みだし、歴史を築いた人たちが遺してくれた財産でしょうね」

百周年のシーズンに初めて喫した黒星を乗り越えるための原動力となったのは、100年の歴史が育んできた、あくまでも前向きなチームの文化だった。

100回目の早明戦

とはいえ、早稲田戦に臨むには、慶應戦の後半から帝京戦へと続いた良くない流れを断ち切る必要がある。

そのためにどうするか。

廣瀬は、タッチライン際から見たときに感じた「最初から明治のラグビーをしていなかった」という印象を仲間に伝えることから修正作業をスタートさせた。試合の翌日とか翌々日といったタイミングで仲間と映像を見て、「こういう根本的なところを忘れていたんじゃないか」と話した。試合に出たメンバーたちも、「確かにそうだ」と納得した。廣瀬自身、肉離れを起こす前は、やはり帝京戦をどう戦うか考える作業に加わり、そのなかで帝京を意識するあまり、根本的なことを忘れていたという反省の念を抱いていたから、その言葉には説得力があった。

そのうえで、神鳥や伊藤が、ミーティングの場で「明治のラグビーをやっていなかった」と、明確に敗因を指摘した。「帝京のディフェンスがこうだから、こうしよう」「アタックはこうだから、こうディフェンスしよう」という考え方ありきで、チームとして春から取り組んできたことを帝京にぶつけなかった、と伝えたのだ。

だから、修正は難しくなかった。

帝京戦の戦い方を修正するのではなく、それを捨てて、春から取り組んできたラグビーを、さらに磨き上げることに集中すれば良かったからだ。

そこで役に立ったのが、春の段階から、毎日の練習前に行なっていた5分程度のミーティングだった。

発案者はヘッドコーチの伊藤で、コーチングをさらに学ぶために出向いた、リーグワンのクボタスピアーズ船橋・東京ベイや東京サントリーサンゴリアスで、改めてミーティングの大切さに気づかされたことがきっかけだった。

伊藤が言う。

「練習は朝の6時30分から始まるんですが、毎日10分前くらいにグラウンドで集まって、5分間でもいいからミーティングをした。これがすごく良くて、その日の練習で何にフォーカスするかが明確に伝わった。朝まだ眠いなかでなんとなく練習をするのではなく、ミーティングで頭を目覚めさせてから練習するので効果が全然違う。

今年のチームは、試合をやればやるほど強くなったのですが、それも春からこのミーティングを続けた結果だと僕は思っています。というのも、コーチ陣は全員、試合をやったあとに課題を理解しているのですが、学生たちは朝が早いし、夜もなかなか集められないので、彼らにいつ伝えるか四苦八苦していた。でも、5分でもいいから、試合で良くなったところと、できていないところを毎回明確にしてミーティングを重ねたので、だいぶ僕たちの考えが伝わるようになった。少なくとも、僕はそう実感していましたね」

しかも、早稲田戦に向けて何か新しいことに取り組むのではなく、練習するのは春から積み重ねたことをさらにレベルアップさせる作業だ。

学生たちは、迷いを捨てたように、自分たちが目指す「明治のラグビー」に集中した。

そして迎えた12月3日。

明治は国立競技場で早稲田と通算100回目となる「早明戦」を戦った。

観客は3万1千915人。

創部百周年を祝うには絶好の舞台が整った。

あとは、勝利を手にするだけだった。


明治は立ち上がりから快調にゲームを進めた。

5分に2番のフッカー松下がモールからトライを挙げると、廣瀬の代わりに12番に入った平《たいら》翔太《しょうた》がペナルティゴールを追加。さらに23分にも松下がモールから飛び込んで二つ目のトライを奪い、平のコンバージョンで15対0とリードした。

早稲田にペナルティゴールを返された後も、トライをさらに二つ追加して27対3で前半を終えた。後半に入っても明治の勢いは衰えず、スタンドオフの伊藤が相手のキックをチャージしてトライを挙げ、さらに15番のフルバックの池戸将太郎もトライを追加。60分間で41対3と早稲田を圧倒した。

ところが——67分に早稲田にトライを奪われて41対10と詰め寄られると、そこから一気に雲行きが怪しくなる。3分後にもトライを追加されて、また7点を失った。

明治も、72分に14番ウイングの安田昴平がトライを挙げて46対17とリードを広げたが、今度は74分から79分までの5分間に3連続トライを許して46対38に。最大で38点あったリードが一気に8点差まで縮まったのだ。

大学ラグビーの秋の公式戦は、リーグワンや国代表同士のテストマッチのような、中断を除外したタイムキーパー制ではなく、試合開始からの通算時間（ランニングタイム）を表示するので、場内の時計が80分を表示してもまだ試合は終わらない。終盤の勢いから見て、明治の勝利は風前の灯火のように見えた。

この日はブレザー姿でタッチラインの外から試合を見ていた廣瀬も、いったい何が悪いのかわからないまま「ヤバい、なんて声をかけよう」と自問するばかりで、完全に雰囲気に呑まれていた。

そんなピンチを救ったのが、廣瀬に代わってゲームキャプテンを務めた山本だった。

ロスタイムに入った81分、自陣からアタックを仕掛けた早稲田が作ったラックにたった1人で頭から突っ込み、しっかりと足をかいて早稲田のフォワードを2人持ち上げてラックからはがした。2人がはがされたラックからボールがこぼれ出ると、途中からスクラムハーフに入った21番の登根《とね》大斗《だいと》がこれを見逃さず、素早く拾い上げてそのままインゴールに駆け込み、トライに仕上げた。

写真提供：明大スポーツ新聞部

早稲田の望みを断ち切るトライだった。

さらに終了直前には、10番の伊藤がボールを少し長く持ってディフェンスを引きつけ、背後から走り込んだ11番ウイングの海老澤琥珀に短いパスを通して、海老澤がだめ押しのトライを挙げた。

最終スコアは58対38。

一時は8点差まで追い上げられたピンチを脱して、明治が記念すべき100回目の早明戦を白星で飾ったのである。

廣瀬は山本がラックをはがしてボールを奪ったプレーを絶賛する。

「(山本)嶺二郎のターンオーバーが大きかった。チームを救ったプレーだったし、早稲田の流れを断ち切った、まさにビッグプレーでした。リーダーには言葉で指示する役割もありますが、あのターンオーバーのように、一つのプレー、行動で示すのもリーダーの在り方だと思う。それを嶺二郎が示してくれました」

多くの明治ファンまで勝負の行方を危ぶむような状況で、勝つことだけを考え、練習でたたき込まれたプレーを体力的にギリギリの終盤に繰り出してつかんだこの勝利は、明治の、常に勝利を前提とする文化がもたらした勝利だったのかもしれない。

これで明治は、対抗戦グループの2位が確定し、大学選手権は12月23日の準々決勝から登場することになった。

カウントダウン

11月の慶應戦と同様に、60分間を圧倒的なパフォーマンスで大量点を奪いながら、最後の20分間に連続トライを許して猛追された原因は、やはり先発メンバーと途中から出場するリザーブメンバーとのコミュニケーションの不足がもたらしたものなのか。

それとも、単純な体力不足だったのか。

あるいは、何か別の原因があったのか――。

大学選手権に向けた準備は、早明戦の総括から始まった。

「修正は、メンタルとテクニカルの両面から行ないました」と、神島は言う。

監督の神島が、学生たちに早明戦終盤の大量失点から何を学び、23日に行なわれる大学選手権準々決勝に向けてどういうマインドセット（心構え）で準備をすればいいのかというメンタル面を講評し、失点の直接的な原因となった技術的な部分は、ヘッドコーチの伊藤をはじめ、コーチ陣が具体的に指摘した。

もちろん、神島以下のコーチたちは、全員が何が原因で大量失点に結びついたのかを事前にきちんと認識し、共有していた。だから神島は、コーチ陣が担当するテクニカルな面とは別に、早明戦の終盤に学生たちが少し「レイジー（怠慢）」になっていたという問題を提起した。

春先から取り組んできた「厳しいときこそ、当たり前のプレーをする」「シンドイときこそ、ボールを持っていない選手やボールから遠い位置にいる選手も、しっかりと自分の役割を果たす」ということが、試合の終盤に薄れたように感じられたからだった。

その部分が、大学選手権を勝ち進めば進むほど、勝負を分ける最後のピースになることを、神島は熟知していた。だからこそ、選手権に入る前にしっかりと指摘し、学生たちに徹底しておきたかった。

とはいえ、選手がレイジーになった要因は、決してフィットネス不足が原因でも、油断したからでもなかったことは、分析からわかっていた。具体的に言えば、ディフェンスシステムのちょっとした問題から体力を奪われて、そういう状況に陥ったのだ。だから、神鳥は、考え抜いた末に、学生たちに「ここが悪かった」「あそこが良くなかった」と指摘するようなネガティブなアプローチをとらず、学生たちを「ワクワクさせる」ようなアプローチをとった。

背景には、時期がシーズン終盤に入り、残りの試合数や強化する時間が少なくなるなかで、どちらのアプローチがチームにとって良いのか、という問題があった。神鳥が学生たちに伝えたい修正点は難しいものではない。春から取り組んできたことを徹底しようという、ごくごく当たり前のことだ。それならば、学生たちにネガティブに考えさせるよりも、彼らに「オレたちはやれる！」と思わせた方が力を引き出せると判断したのだ。

神鳥は学生たちにこう話した。

「早稲田を相手にこれだけできたんだぞ、おまえたちは。オレも正直ビックリした。試合前の下馬評を考えてみろよ。帝京を相手に食い下がった早稲田の方が高くて、明治ヤバいんじゃないの、とまで言われていただろ。それなのに、早稲田を一時は41対3まで引き離したんだ。帝京だってここまで差をつけられないぞ。実際、早稲田はその時間帯はなにもできなかったじゃないか。だったら、その能力と集中力を、最大のパフォーマンスとして80分間つなげていこうじゃないか！」

早明戦の終盤、8点差まで追い上げられた苦しい時間帯に、明治は最後の力を振り絞るように2トライを挙げて20点差までリードを広げてゲームを終えている。

それも、春先から積み上げてきた、ひたむきでサボらないプレーが生んだトライで。

神鳥がポジティブなアプローチで学生たちに接することを決断したのは、この二つのトライに背中を押されたからでもあった。

技術的な面では、体力的に厳しくなった終盤に、ささいなことからディフェンスシステムが機能しなくなり、早稲田に連続トライを許したことが分析されて示された。

こちらは、ヘッドコーチの伊藤が解説してくれた。

「大量失点の原因は、早稲田のアタックにディフェンスの対応が遅れたことと、1人の選手がシステムから外れたディフェンスをしたことの二つでした」

以下は、伊藤の話の要約だが、明治のディフェンスは、セットプレーからボールが動き出すと、相手のアタックに対して13人の選手がグラウンドの横幅いっぱいに並び、スペースを埋めることを基本にしている。そして、キックや、相手のブレイクに備えて背後のスペースを2人の選手が守る。

背後のスペースを守るのは、11番14番の両ウイングと15番フルバックの、バックスリーと呼ばれる3人で、このうち相手が攻める方向にいるウイングは前に上がって相手のアタックに備え、反対側のウイングとフルバックが後ろを固める。

たとえば、早稲田が右に向かってボールを動かして攻めると、明治はそれに対応して左端にいる海老澤が前に上がって早稲田のアタックに対処する。反対側のウイングの安田は後方に下がって、池戸とともに早稲田のキックや、選手が抜け出してきた場合に備える。そして、ディフェンスを破られずにタックルが成立し、早稲田が今度は左方向に攻め始めると、海老澤が後ろに下がって安田が前に上がる。相手が攻撃する方向を見ながら、これを何度も繰り返すのだ。

伊藤は「ペンデュラム」と呼ぶが、ペンデュラムとは振り子のこと。つまり、11番、14番、15番の3人が連動して振り子のように動き、常に前の防御を13人で、後ろの防御を2人で、まかなうわけだ。

ところが、早明戦では、早稲田が自陣からどんどんアタックを仕掛けてきた。

それでも、60分間はペンデュラムが機能してディフェンスは破綻しなかったが、試合時間が残り少なくなるにつれ、長い距離をダッシュで行きつ戻りつしていた3人の体力が落ちてきた。やがて3人がそのまま背後に居続けるようになり（というか前に上がるスピードが鈍り）、前の防御の人数が1人少なくなった。

そこに、1人の選手が、本来立つべき前の位置から下がるようになって、ディフェンスラインの人数が2人減った。だから、早稲田に外側までボールを運ばれて、俊足ランナーに走られたのである。

そのまま何も対応策を打たなければ、ズルズルとトライを許し、あるいは逆転されてもおかしくない状況に追い込まれたが、そこで選手たちが対応した。振り子のように前と後ろを行き来する動きをやめて、後ろにいる2人を固定し、1人は常に前をディフェンスするようにしたのだ。

ベンチも動いて、システムから外れた動きをした選手を交代させて、終盤のギリギリの時間帯に、なんとか前を13人で守るディフェンスに戻した。

それが功を奏して早稲田が自陣から抜け出せなくなった。その結果、自陣のゴール前で、フックを作って次のアタックの起点にせざるを得なくなり、そこに山本のターンオーバーが炸裂して、勝負を決めたトライが生まれたのである。

伊藤が言う。

「僕たちコーチ陣は、ハードワークして毎回ペンデュラムをやれと言っていましたが、早稲田が自陣から攻めたときにこれをやると、バックスリーは毎回40メートルから50メートルの距離を走ることになる。しかも、前の防御ラインに入ったときは、相手めがけてトップスピードでディフェンスに出るから、確かにこれはシンドイ。だから、彼らはグラウンドで話し合って、最後の10分は後ろを2人で固定した。その結果、早稲田は簡単にブレイクできなくなって、嶺二郎のターンオーバーに結びついた。学生たちが、よく修正したと思いますよ」

3万人を超える観客が歓声と悲鳴を上げる独特の雰囲気のなかで、早稲田の猛追を受けた選手たちは失いかけた冷静さを取り戻し、自分たちの失点の原因を探り当てて修正を果たした。

慶應戦から帝京戦へと続いたミーティングの日々と帝京に喫した初黒星が刺激となって、学生たちは見失いかけていた「自分たちらしさ=明治らしさ」を取り戻したのかもしれなかった。

苦しみながらも、ライバルの早稲田を最後に突き放して破ったことで、明治は大学選手権に向けて上昇気流を捕まえたのであった。

大学選手権が23日の準々決勝からの出場となったことで、チームには3週間のインターバルができた。

キャプテンの廣瀬は、この3週間を「モチベーションを保つのが難しいのではないか」と懸念していた。

「僕は復帰を目指してひたすらリハビリに励んでいたのでモチベーションを保てましたが、選手たちはすごく難しかったと思います。練習でケガをしたらどうしようとか、いろいろなことを考えますからね」

この時期から、廣瀬とバイスキャプテンの山本は、23日の準々決勝、年明け1月2日の準決勝、13日の決勝と続くスケジュールを、「優勝へのカウントダウン」と言い換えるようにした。何事も勝利を前提に考える明治らしい発想だが、モチベーションを保ち、チームのなかにホッと一息つくような空気を漂わせないようにするために、「決勝」ではなく、あえて「優勝」という言葉を使ったのである。

たとえば、「次の準々決勝まで3週間だけど、優勝するまでは、もうあと1ヶ月ちょっと。だから、もっとやるべきことをやろう。チームとして一気に成長できるチャンスなんだ」みたいな形で。

それをチームメイトがどう受け止めたのかまではわからなかったが、廣瀬が練習を見た限りでは、いい練習ができた日々が続いていた。モチベーションを失ったり、気が緩んで、練習中にだらけた雰囲気が漂うことはまったくなかった。


早明戦から2週間後の17日。

準々決勝の相手が決まった。

シーズン序盤の10月1日に対戦した筑波（対抗戦4位）が、関東大学リーグ戦グループ2位の流通経済大学に33対26と競り勝って、対戦相手に名乗りを上げたのだ。

前回の対戦では、明治は筑波に後半一度逆転され、それを再逆転して勝利を収めている。最終的なスコアは40対21と開いたが、ラスト20分までは21対21と拮抗したゲームだった。

ヘッドコーチの伊藤は、「ちょっと不安」な気持ちで、筑波がどんなことをやってくるのか警戒しながら練習を組み立てた。試合までの1週間の準備でフォーカスしたのは、準々決勝に臨む心構え（マインドセット）と、大量失点した早稲田戦のラスト20分の修正だった。

しかし、学生たちは、伊藤の懸念を吹き飛ばすように新しいモチベーションを見出していた。それが、「雄也を準決勝のグラウンドに立たせるためにも筑波に勝つ！」という思いだった。彼らがそう思うほど、廣瀬のリハビリは順調に進んでいたのである。

廣瀬を準決勝に！

秋の帝京戦を前にした11月15日に左足太もも裏の肉離れを起こしてから、廣瀬は大学選手権での復帰を目指して懸命のリハビリを続けていた。

リハビリの合間には、グラウンドで行なわれるペガサス（AチームとBチーム）やルビコン（CチームとDチーム）の練習を見守った。

そんな廣瀬の姿が、チームに良い影響をもたらした。

神鳥が言う。

「廣瀬のケガは、チームにとっては痛手でしたが、結果的に部員たちの成長を促すうえで大きな出来事になりました。特に、4年生たちの思いが日増しにたくましくなっていった。みんな、廣瀬がケガした直後から、彼が戻ってくるまで頑張ろうという気持ちになったのですが、まだ大学選手権まで日にちがあって、そういう気持ちはあまり表に出ていなかった。でも、早明戦が終わって選手権に入ると、廣瀬のコンディションが試合に出られそうなところまで戻っていたので、部員たちの思いがよりリアルになった。

その結果、さらに4年生の結束とチームのムードが高まりました。

廣瀬も懸命にリハビリしたと思います。本人は準々決勝の筑波戦から出たいと志願したのですが、全治8週間と診断されたのに、23日ではまだケガしてから6週間目。再発の恐れもあるので起用するには怖さがありました。僕から、『国立に連れて行くという4年生の言葉を信じて、できる範囲でしっかりサポートしてほしい』と言って、なんとか本人の気持ちを抑えたんです」

廣瀬は、リハビリに励んだ日々をこう振り返る。

「リハビリは、あまり追い込み過ぎるのも良くないし、身体の違う部位を鍛えようと負荷をかけ過ぎても今度はそちらを痛めてしまう。本当に最低限のぎりぎりを攻めてしっかりケアをする、という繰り返しでした。言葉では説明しにくいのですが、自分の感覚でわかるんですよ、『これ以上やると良くない』とか『今日、このメニューをやるとマズいかも』みたいな感じで。だから、それを大事にしていました。

当初は、何が何でも1月2日の準決勝に出ることを目標にしていましたが、自分のなかではいい状態でリハビリが進んでいたので準々決勝から出たかった。

ケガして戦列を離れていると、身体は万全になっても試合の感覚だったり、グラウンドのなかの感覚が少し違ってくる。僕はそういう感覚を大事にしているので、いきなり国立競技場の準決勝からの復帰は、正直に言って不安でした。特に僕の12番というポジションは、自分の動き次第で周りの動きが変わることがあるので、準々決勝から少しずつ慣らしたかった。だから、準々決勝から出たいと首脳陣に伝えたのですが、『それでおまえがケガをしたらオジャンじゃないか。チームを信じてリハビリに励め』と言われました（笑）」

廣瀬の復帰が間近いことは当然、選手たちもわかっていた。

しかし、もし準々決勝で筑波に敗れてしまえば、廣瀬の復帰を待つことなく、その時点でシーズンが終わる。それが、負ければ終わりのノックアウト方式で行なわれる選手権の怖さだ。

そんな緊張感と「廣瀬を準決勝のグラウンドに！」という思いがチームを引き締めた。

結果は45対7。

前半32分に筑波にトライを奪われて10対7と追い上げられたが、グラウンドに立つ15人は決してあわてることなく、それぞれの役割を全うした。これまで11月の慶應戦から3試合続けて試合の最後の20分間に連続トライを奪われ、大量失点してきた〝悪癖〟は影を潜め、逆に明治が最後の20分間に4トライをたたみかけた。

写真提供：明大スポーツ新聞部

神鳥が「完勝でしたね。選手たちの成長が感じられた試合でした」と振り返った、この時点までのベストゲームだった。

ベンチに座り、コーチ席の伊藤とインカムをつないで試合を見ていた廣瀬も喜んだ——というわけでは必ずしもなかった。

こんな気持ちでいたのだ。

「筑波はタレントがそろっていて、アタックに関しては素晴らしいチーム。対抗戦のときは連続トライを奪われて逆転される場面もありました。でも、準々決勝では、明治も自分たちの課題をしっかり認識して、耐えて耐えて相手を突き放す展開に持ち込めた。いつもとは逆のパターンです。今シーズンは後半にトライを獲られるシーンが多かったけれども、自分たちが耐えて筑波を1トライに抑えた。優勝するチームは、大会に入って一気に成長することが多いのですが、外から見ても、いいチームになったと思いました。

ただ、いいチームになり過ぎていて、僕がそこに入っても大丈夫か、と不安に思う気持ちも正直ありました。2ヶ月近く試合間隔が空いていたので、自分が戻ったらチームのバランスが崩れるのではないかという心配があったのです。だから、試合後はみんな喜んでいましたが、僕だけ緊張していた。準決勝から復帰することがその時点で決まっていたので、勝って嬉しかったけれども、『次、大丈夫かな……?』と、あまり喜べなかったんです。幸い、筑波大戦から準決勝までは1週間以上インターバルがあって、そこでみんなと合わせることができたので、良かったのですが……」

百周年のシーズンは、廣瀬と山本の表現を借りれば「優勝まであと2試合」となった。

その前年は、準々決勝で敗れて、年を越さずにシーズンを終えている。1月2日の準決勝に勝ち残れば必ず行なわれた、餅つきや初詣といった伝統行事も行なわれず、神島も正月を白宅で過ごした。

だから、筑波に勝ったあとで、神島はホッとしたようにこう話した。

「1月2日の準決勝に勝ち残ることは、優勝するチャンスを常に持ち続けるための必要最低限の条件です。明治は優勝を求められ、期待されるチームですから、これが最低限の到達ラインとなる。もちろん、今の大学ラグビーは一つ上のステージに帝京がいて、我々はチャレンジャーですから、常に優勝し続けることは難しい。でも、常勝チームを目指すなら、準決勝の舞台に毎年立ち続けることが必要で、このレベルにいないと経験値を高められるような試合も経験できない。

学生たちにとっても、正月をみんなで過ごして、餅つきとか初詣とか、伝統の行事を体験できるのは嬉しいことでしょう。小さいことですが、学生たちの思い出に残る。それが大きな意味を持つんです。学生スポーツは、大学選手権で優勝することが一番大事ですけど、でも、それだけではない。寮で共同生活をするって、特別な経験じゃないですか。僕も、他人といっしょにこれだけ長い時間を過ごしたことは寮生活以外にないし、そこで思い出を残していくことはすごく重要だと思う。また、そういう心の成長や思い出が、グラウンドでのパフォーマンスにもつながると、僕は信じています」

そして、明治が筑波戦の勝利の余韻に浸っている頃、別会場で行なわれていた準々決勝の結果が飛び込んできた。

京都産業大学65対28早稲田大学

1月2日の対戦相手が京産大に決まった。

明治がひそかに危惧していた早明両校による大学選手権での再戦は回避された。

これまで両校は、直近では18年度、19年度、21年度、22年度と4回大学選手権で再戦しているが、いずれも12月の定期戦で勝ったほうが選手権で敗れている。3日に早稲田を破った明治にすれば、早稲田との再戦は心理的に若干の抵抗感があった。けれども、これで心理的な障壁がなくなったのである。

神鳥は、この対戦を待ち望んでいたようにこう言った。

「1月2日は、京産大が強みとしているスクラムと、外国人留学生のフィジカルの強さにどう対抗するか、という勝負になるでしょう。対戦をワクワク待ち望む気持ちと、手強い相手だなと思う気持ちが半々です。

京産大は、きっと彼らの強みを正面からぶつけてくる。だから、最初のタックルを外国人選手に決められず、接点で少しずつ食い込まれたり、スクラムで想定以上にやられると苦しくなる。明治も、相手の強みとの勝負を避けるチームではないので、相手を止められるか止められないかの勝負になるでしょうね」

カギは、神鳥が「大学レベルを超えてリーグワンでも通用する」と評価する、京産大の留学生たちの猛突進を倒し続けられるかどうか、だ。

そして、この強敵が、廣瀬の復帰戦の対戦相手となったのである。

体現された「明治のラグビー」

年が明けた1月2日。

明治は、国立競技場での準決勝で持てるポテンシャルを存分に発揮した。

開始早々の5分に、15番の池戸がインゴールに転がしたキックを11番の海老澤が押さえて先制。京産大にトライを返されて5対5の同点で迎えた16分には、その海老澤が、京産大がペナルティからタッチラインに蹴り出したボールを走り込みながらジャンプ一番、空中でキャッチ。そのままインフィールドに着地してボールを生かし、自ら快足を飛ばして大きくゲインした。1万8千343人の観客がどよめくビッグプレーでチャンスを作り出し、そこから10番の伊藤が巧みなランニングでトライを追加した。

その後は両チーム1トライずつを追加。京産大は、ひたむきなプレーで明治から反則を誘い、ペナルティゴールを2本決めて追撃する。

そして、19対18と明治が1点リードして迎えた前半のラストプレー。明治は京産大の反則からペナルティを得ると、ペナルティゴールを狙える位置だったにもかかわらず、キャプテンの廣瀬はボールをタッチに蹴り出してのラインアウトを選択。3点ではなく、トライを狙いに行った。

京産大のゴールラインまであと10メートルほどに迫ったラインアウトで、明治はボールを獲得するとモールを組み、力強く押し込んで2番の松下がトライを決めた。難しい角度からのコンバージョンも廣瀬が決めて26対18。ワンチャンスでは追いつけない8点差にして、ハーフタイムを迎えた。

今シーズンの明治のハイライトとも言える、象徴的なトライだった。

実は、このトライの前、明治は、13分辺りに一度ペナルティをラインアウトにしてモールを組みながら、京産大のモール防御にトライを奪えず、京産大ボールのスクラムとなった場面があった。だから、記者会見では、一度失敗したにもかかわらず、なぜ前半最後のプレーで3点ではなくトライを狙いにいったのか、意図を問う質問が廣瀬に飛んだ。

そのとき、慶應戦以来、約2ヶ月ぶりに袖を通した紫紺ジャージーを着たままのキャプテンは、胸を張ってこう言った。

「ノックアウト方式の学生のトーナメントでは、流れとか勢いがすごく大事になる。明治の強みはフォワードもバックスも関係なく前に出る精神だし、(13分のときは)あそこでショットを選択する時点で僕たちの負けだと思っていました。だから(前半の最後も)一度トライを獲れなかったからといって、違う選択をするのは明治のラグビーじゃない。もう一度モールを選択してトライを獲り切ったことが、後半の流れにつながったと思います」

隣に座った神鳥が、思わず笑みを漏らすような廣瀬の発言だった。


実際、前半終了間際のトライがゲームに及ぼした影響は大きかった。

京産大は、明治が蹴り込んだ後半開始のキックオフを受け損なって落球。続くスクラムから攻めた明治は、伊藤がこの日2本目のトライを挙げて、実質的に勝負を決めた。

明治は、春から練習を重ねてきた全員が走ってボールをつなぐラグビーを随所に見せ、その後も、バックスで3トライを積み上げ、京産大の反撃をモールからの2本に抑えて52対30で快勝した。

神鳥も、記者会見でこう試合を振り返った。

「このチームが、一戦一戦成長しているのを実感しています。トライを獲りにいく姿勢であったり、みんなが思う明治のラグビーを、学生たちが体現してくれました」

8トライを奪った明治のアタックに注目が集まったが、京産大の5番ソロモネ・フナキ、8番のシオネ・ポルテレ、途中から出場した20番のテビタ・ポレオといった留学生たちの強烈な突進を、バイスキャプテンの山本をはじめ、選手たちが身体を張ったタックルで止め続け、京産大に勢いを与えなかったことも、勝因の一つだった。

廣瀬が振り返る。

「京産大は、フォワードを強みにしているので、明治はそこで負けてはいけない。フォワード戦が五分になればバックスの勝負になる。そこで小手先に走ると明治は負けるけれども、しっかりタテに強く走って、オプションを使ってボールを運んだ。準決勝は、デストロイとスマートがしっかり発揮されて、8トライ中6トライをバックスで挙げることができました。バックスのレベルがすごく上がった手応えがあったし、『オレたち、準決勝の舞台でもこれだけのパフォーマンスができるんだ』という自信になりました。

ディフェンスでは、後半は、相手が全員モールに入って押し込まれたような形でトライを獲られただけで、メンタルまで崩されるようなトライは奪われなかった。留学生に何もさせなかったことが良かったと思います。関西のチームは勢いに乗せると怖いのですが、留学生を止めたことで勢いを出せず、相手が自然に崩れたような印象でした」

廣瀬が言った「小手先に走ると明治は負ける」というフレーズは、秋の帝京戦の大敗を念頭に置いたものだろう。

この百周年のシーズン、慶應戦の最後の20分で大量失点したところから、チームは自分たちがどうあるべきなのか悩み抜いた。

そこに廣瀬の負傷離脱が重なり、早明戦ではディフェンスシステムの小さな破綻から、あわや大逆転負けを喫するような土俵際まで追い詰められた。「ONE MEIJI」というスローガンの真価が問われたと言っても過言ではない。

しかし、ピンチを迎えれば迎えるほど、全員が真剣にその問題に向き合って、一つひとつを乗り越えた。

秋の帝京戦の失敗は、春から積み上げたラグビーから離れて小手先の対処に走ると自分たちの力が発揮されなくなるという教訓をチームに刻み、廣瀬の負傷は、キャプテンを準決勝に復帰させようと部内を結束させるための契機となった。早稲田戦の大量失点は、ディフェンスシステムのブラッシュアップと試合に臨むマインドセットの見直しにつながり、それらがすべて有機的に結びついて明治は2年ぶりに大学選手権ファイナリストの座に返り咲いた。

もう一つ、この準決勝で特筆すべきは、キャプテンの廣瀬の発言が非常に研ぎ澄まされていたことだった。

「一度トライを獲れなかったからといって、違う選択をするのは明治のラグビーじゃない」という発言もそうだが、記者会見の冒頭で廣瀬は、前日の元日に起こった能登半島地震に触れて、「昨日、日本海側を中心に地震があって、自分たちが今日、こうやって試合ができたことを感謝しています」と切り出した。

自分自身が、久しぶりにグラウンドに立った復帰戦で決勝進出を決めたばかりの昂揚感の真っ只中にいるというのに、まず前日に起こった地震で試合が中止にならなかったことへの謝辞を述べたのだ。

背景には、こんなことがあった。

写真提供：明大スポーツ新聞部

「地震が起きたとき、僕たちはちょうどホテルに移動するバスのなかだったので、全然揺れたことに気がつかなかった。でも、スマホのニュースに石川県で震度7を記録したと、どんどん情報が入ってくる。僕の大阪の知り合いからも『ヤバい、メッチャ揺れた！』と連絡が来た。僕の家族も父の実家がある大阪に帰っていて、大丈夫だけどすごく揺れたと言ってきた。メンバーのなかにも、被災地域に近い新潟県の佐渡島に親戚の方が住んでいる部員がいて、そのお宅に本当に津波が来たと聞きました。石川県やその周辺に親戚が住んでいたり、親しい友人や彼女の親戚が被害に遭って家が崩れた、ということも聞きましたし、『親戚と連絡が取れない！』と焦っている部員もいました。みんな試合どころではなく、親戚や知人の安否確認に忙しかった。そんな状況でラグビーができるのは当たり前のことではないと、みんなが身にしみて感じていたんです。だから、記者会見であの言葉が言えたのだと思います」

この辺りの発信力も、神鳥が廣瀬を「後々まで語られてもおかしくない素晴らしいキャプテン」と高く評価する所以だろう。

こうして準決勝はすべてが成功裏に終わり、創部百周年の記念すべきシーズンは13日の「優勝」だけを残すのみとなった。

「優勝」までの日々

準決勝を、準々決勝の筑波戦を上回るシーズン最高のパフォーマンスで勝ち上がった明治は、いよいよ最後に残された「優勝」に向けての準備を始めた。

「準決勝に勝ってからは、本当に一番いい形でチームのムード高まりました。帝京戦に向けて、心の底から『行ける！』という雰囲気が生まれてきた」と、神鳥は振り返ったが、もはや決勝に向けてコンディションを整え、チーム力を整備する以外にやることはほとんどなく、全員がその為すべきことに集中していた。

廣瀬が言う。

「もう何もかもが最後になる1週間だったので、1日1日を噛みしめて過ごしました。みんな、モチベーションは最高潮だった。もう優勝は目の前だし、その先に試合もない。今年良かったのは、メンバーだけではなく、下のチームも4年生を中心に盛り上げてくれたこと。決勝を前にした練習でも、メンバー外の選手たちが、仮想帝京になって本当にいいパフォーマンスをしてくれた。だから、僕たちも決勝に向けてすごくいいシミュレーションができました。本当に『ONE MEIJI』になったと感じていました。

あとは、チームを代表する選手が勝つことで、みんなが1年間やってきたことが報われるようにしたい。コーチ陣が『これが明治のプライドとして大事にしてきたものだ』と年間を通して掲げてくれたことを信じてきたので、それが正しかったと言えるように、僕たちが最後に結果として出さなければならない――そんな話もしました」

創部百周年のシーズンに臨む決勝戦ということで注目され、それが精神的なプレッシャーとなるメンバーが出ることも考えられたが、それに対しても廣瀬はこう言った。

「大学選手権を勝ち進むにつれてプレッシャーに感じる選手もいたとは思います。僕も、プレッシャーがゼロではなかった。でも、僕が言ったのは、『プレッシャーを感じるのはこの1週間しかないし、こんな最高のプレッシャーを味わえるのは僕たちだけ。来年の明治では味わえない。本当にラグビー人生のなかで滅多にない経験だから、この1週間を楽しもうよ』ということ。それが、僕がずっと考えていたことでした」

しかし――明治は帝京に敗れて優勝を果たせなかった。

途中から荒れた天候など、アンラッキーな側面もあった。

それでも、敗れはしたが、神鳥と廣瀬が率いたチームはファンに強烈な記憶を残した。

おそらく、その記憶はいつまでも語り継がれるだろう。

悪天候のなかでも「デストロイ」と「スマート」にこだわってボールを動かし続けた廣瀬たちの愚直さは、昭和の時代に戦われた「雪の早明戦」以上のドラマ性をファンの脳裏に刻み込んだ。

決勝戦の最中、神鳥は「一瞬、これで優勝したら、ものすごいストーリーだなと思った」。キャプテンの負傷があり、復帰があって、雪と雷というコンディションに悩まされながら、キャプテンの卓越した人間性でチームが勝利に導かれたら、どんなにすごい結末になるだろうかと考えてしまったのだ。

もちろん、そこまでの物語は完成されなかった。

残念ながら。

今、4月から始まる新しいシーズンを前に、神鳥は1月13日をこう振り返る。

「廣瀬たちのチームは、本当に記憶に残るチームだったと思います。最後の雪の試合なんか、演出されていたというか、世の中に記憶を残すための演出だったのではないかと思ったくらい劇的だった。そう思えば、勝利できなかった彼らも救われるでしょう。

雪の早明戦が今でも語られるように、雷で中断があって雪が降り出すという、ものすごくインパクトのあるコンディションのなかで明治と帝京が演じた死闘を、ファンはいつまでも忘れないでしょう。それが、この1年間を戦い抜いた彼らの思いに報いるプレゼントだと思いますよ」

勝利だけではなく痛い敗戦があり、試行錯誤があり、予期せぬ気象条件があり、最後に信念に殉じるように敗れた23年度のシーズンは、創部百周年にふさわしく明治大学ラグビー部の歴史を凝縮したシーズンだったのである。

©N.TAKAYAMA

PROFILE

廣瀬雄也（ひろせ・ゆうや）

2001年、福岡県出身。ポジションはセンター（CTB）。東福岡高校時代には高校日本代表に選ばれる。1年時よりレギュラーとして活躍し、2023年には100代目の主将に就任し、大学選手権準優勝に貢献。卒業後はクボタスピアーズ船橋・東京ベイに加入。

写真提供：明大スポーツ新聞部

第3章 「明治のラグビー」とは何か?

100年の歴史を持つ明治大学ラグビー部は、1929年から95歳で亡くなる96年5月28日まで監督の座にあり続けた北島忠治の存在を抜きにして語ることはできない。

明治大学相撲部出身の北島がラグビーの試合に助っ人として借り出され、そこからラグビーの魅力にはまり、とりつかれたようにこの競技にのめり込んだことはよく知られている。そんな北島が、明治よりも早く創部した早稲田大学や慶應義塾大学といったチームに対抗するためにとったのが、体格の大きな選手を集め、相撲部時代の経験も生かしながら鍛え上げて「重戦車」と呼ばれるフォワードを作り上げることだった。

そして、基本を徹底的に指導する一方で、戦術や戦法の細かい部分は学生たちの「自主性」に任せた。たった一つ、相手を恐れずに「前へ」直進することだけを条件として。以来、現在に至るまで、「前へ」という言葉は、部の根幹をなすアイデンティティとなっている。

失われた18シーズン

創部百周年のシーズンに監督を務めた神鳥裕之は、北島が亡くなった96年度に4年生だった。つまり、最晩年の日々に、間近に接したひとりだ。だから、今から100年後のラグビー部にも「北島先生のことを語る人がいてほしいし、北島先生の肖像を前に『この人が誰だかわかるか？』というミーティングがあってほしい」と語る信奉者でもある。同時に「100年後も『前へ』という言葉が残っていてほしいし、紫紺のジャージーも残っていてほしい」とも語っている。

そんな神鳥が率いて2023年度を戦ったチームは、「前へ」という言葉が意味することを真剣に考え抜き、現代ラグビーの知見を織り交ぜながら、力強くも賢くボールを動かすラグビーを作り上げて、優勝こそ逃したものの2年ぶりにファイナリストに返り咲いた。

「前へ」という言葉から導かれるラグビースタイルは過去から大きく変化しても、その根幹をなす精神性を受け継いで勝利を模索したのが、これまでの二つの章で述べた創部百周年の挑戦だったのである。

しかし、こうしたエピソード以上に北島の存在感の大きさを物語るのが、全国大学ラグビーフットボール選手権大会での優勝回数だ。

明治は、神鳥が4年生だった96年度に、第33回大学選手権でライバルの早稲田を32対22と破って12回目の優勝を遂げている。96年度を北島の存命中にカウントすれば、北島忠治という監督が生きている間は、大学選手権が始まってからの33シーズンで12回の優勝を遂げたことになる。同じ期間に6回ある準優勝に終わったシーズンも加えれば、実に5割以上の確率でファイナリストとなっていたのである。

「名門」「強豪」と言われる所以だ。

しかし、没後の97年度以降の戦績を見ると、97年度、98年度は2シーズン連続でファイナリストとなったものの（いずれも関東学院大学に敗れて準優勝）、そこから世紀の変わり目をまたいで18シーズンは一度もファイナリストになっていない。しかも、その18シーズンのうちトップ4、つまり1月2日の準決勝に進出できたのは、2007年度、09年度、10年度、15年度のわずか4回を数えるだけだ。

この数字のギャップが、北島の存在がいかにラグビー部にとって大きかったかを物語っている。どんなに才能のある選手がいても、キャプテンや指導者が真剣に勝つための方法を考え抜いても、ラグビー部を精神的に支えた大きな柱の不在は補えなかったのである。


時代もまた変わりつつあった。

北島が亡くなった96年は、南半球のニュージーランド、オーストラリア、南アフリカの3カ国にまたがって、各国の州代表を母体にしたプロフェッショナルなチームが覇を競う「スーパー12」が始まった年でもある。現在のスーパーラグビーの母体となった大会だ。

背景には、長くアマチュアリズムを貫いてきたラグビー界が、95年にプレーヤーが金銭的な報酬を受け取ることを認める「オープン化」に踏み切った事実がある。プロ化でラグビーは、観客がより楽しめる競技スタイルを目指して球技的要素が色濃くなり、格闘技的な荒々しいプレーや危険なプレーに規制が加えられるようになった。そうした変化を受けてトレーニング理論も南半球を中心に進化し、体格の大小にかかわらず選手はよりアスレティックになって、スピードと巧みなハンドリングスキルが求められるようになった。

世界から遅れて01年にオープン化した日本国内でも、社会人チームに海外からトップクラスの選手が加入してプレーするようになり、レベルアップが急速に進んだ。03年に、全国にまたがって開催されるジャパンラグビートップリーグがスタートすると、社会人のレベルアップはさらに進み、それまで日本のラグビーを牽引してきた大学が、ラグビーの質とレベルにおいて社会人から後れをとるようになった。

60年度に始まった日本協会招待NHK杯争奪ラグビー大会（NHK杯）は、63年度からは日本ラグビーフットボール選手権大会（日本選手権）と呼称を変えて、64年度の大学選手権スタートとともに、大学王者と社会人王者が対戦する大会として人気を博した。

しかし、この大会で大学チームが優勝したのは87年度の早稲田が最後で、94年度には社会人王者の神戸製鋼が102対14の大差で大学王者の大東文化大学を圧倒。97年度からは社会人の上位チームと大学の上位チームが複数参加する大会にフォーマットが変更された。17年度にはついに大学の出場枠が撤廃されて、21年度に大会そのものも幕を閉じた。

この事実が、急速に開いた大学と社会人の実力差を物語っている。

大学も最先端のラグビーをキャッチアップすべく、トップリーグでの現役生活を終えた卒業生をコーチングスタッフに加えるなどして、新しい知見を貪欲に吸収しようとした。あるいは、大学と協同しながら科学的なトレーニングを取り入れ、食生活から身体づくりまできめ細かく指導してレベルアップを図った。

そうした流れに取り残されるように明治は低迷した。

「前へ」という言葉をそのまま解釈したかのような、単純なフォワード戦にこだわった時期もあれば、逆境に追い込まれたときに立ち戻るべき精神的な柱を見出せぬまま終えたシーズンもあった。

個々の選手や指導者には語るべき物語があっても、それを統合し、さらに大きな物語へとまとめ上げるような「核」を見出せなかった、と言い換えてもいいかもしれない。

それが、ファイナリストにたどり着けなかった18年間のアウトラインだった。

「自主」と「自律」の狭間で　〜丹羽政彦の改革〜

寮の廊下に放置されていた「紫紺のジャージー」

明治のラグビー部が、現在に続く復活への階段に足を乗せ、ゆっくりとではあるが、少しずつ「上」に向かって歩み始めたのは、13年度、丹羽政彦《にわまさひこ》が監督に就任してからだった。

丹羽は、監督就任が決まると建てたばかりの札幌の自宅を離れて、東京都世田谷区八幡山にあるラグビー部の寮に住み込んだ。以来、退任する17年度まで5年間、学生たちと寝食を共にした。

しかし、寮で偶然見かけた光景に我が目を疑った。

「紫紺」と呼ばれるファーストジャージーが、寮の廊下に放置されていたのだ。

明治のラグビー部に入る学生は皆、この紫紺と白の段柄ジャージーにあこがれている。しかし、100名近い部員のなかで、紫紺を着て試合に出場できるメンバーは限られている。選手の登録枠が増えた現在でさえ、先発15名とリザーブ選手8名を合わせた23名しか袖を通すことができない。当然、紫紺を着る機会を得るために部内では激しい競争が繰り広げられる。それだけ紫紺のジャージーは貴重なものであり、個人にとってもクラブにとっても大切なラグビー部のシンボルだ。明治大学ラグビー部の「魂」がこもった神聖な宝物なのである。

それが廊下に放置されていた。

かつて昭和の時代には、紫紺のジャージーは、1年生部員が手で洗うものと決められ、しかも洗っているところを上級生に見られてはならなかった。洗濯を担当する部員たちは、深夜に漂白剤を試行錯誤しながら何種類も試し、白地部分に砂粒が残ることがないようブラシや中華鍋を洗う簓《ササラ》、歯ブラシなども用いて仕上げた。丹羽も、そうやってジャージーを洗った人間だったから、これには本当に驚いた。

丹羽は、深夜にジャージーを洗うことで1年生が寝不足に陥り、生活面に支障を来すため、人前で洗っても良いとルールを変えたが、紫紺に敬意を払い、大切に扱う習慣を身につけさせるために、手で洗う伝統は残した。それが、寮生活の根幹に関わる問題だったからだ（令和となった現在も、紫紺は1年生が手で洗っている）。

寮生活の規律を根本から立て直さなければならない――ラグビーを指導する以前のところからの「改革」が何よりも必要なのだと肝に銘じた。

取り組んだ改革はいくつもあったが、たとえば禁煙もそのひとつだ。

北島は、くわえタバコがトレードマークで、ヘビースモーカーとしても有名だったが、丹羽が監督に就任したのは昭和ではなく平成の25年だ。トップアスリートが喫煙しないことは、すでに常識となっていた。それなのに、朝の練習を終えた部員たちの多くが紫煙をくゆらせていた。おまけに、7月までに禁煙するよう言い渡しても、隠れてタバコを吸う部員がかなりいた。

タバコをやめる部員たちが増えたのは、禁煙の効果で練習後に食事をしっかりとるようになった部員の身体が明らかに大きくなり、喫煙を続けている部員と有意な差が出始めてからだ。それでもタバコを吸う部員がいなくなるまでに4年近い時間がかかった。

食事も大きく変えた。

丹羽の学生時代は、「とにかく何にでもマヨネーズをかけて」食べるような状態だったが、それがいまだに続いていた。だから、マヨネーズを食堂から一掃してノンオイルドレッシングに変え、管理栄養士と契約して、身体づくりを念頭に置いた栄養価の高い食事が寮で提供されるようになった。

寮内の掃除や、約束した時間を守ること、ジャージーを筆頭に物を大切にして整理整頓を常に心がけることなど、生活全般の基本について徹底して改善を求めた。

丹羽から見れば、生活の基本がまったくできていなかった。

くだらない上下関係や、わけのわからないルールが寮にまだ残っている反面、人として大事にすべき事柄がおろそかにされている。それらを正して、アスリートが住みやすく、競技に打ち込めるような環境を整えたかった。

19年に、丹羽にインタビューした際には、こんなことを言っていた。

「僕たちが伝統だと思っていた〝自主性〟を、学生たちが〝自分勝手〟とはき違えていた。クラブに行動のスタンダード（基準）がなかったんです」

「ラグビー部にまだ残っていた〝悪しき文化〟を変えたかった」

グラウンドでも、寮内と同様に基本がおろそかにされていた。

バックスの選手でさえ、パスやキャッチの基本ができていないために、よくボールを落とした。明治のバックスとしてどういうプレーにこだわるかというポリシーも感じられなかった。それが驚きだった。

丹羽は91年卒業だから、在学時代に北島はすでに80代後半だったが、それでもグラウンドに出て練習を見ているときに、基本を大事にしない選手を見咎めては「グラウンドから出て行け！」と怒鳴ることがあった。そんな緊張感に溢れた光景が忘れられない丹羽にすれば、センスだけを頼りにしたような学生たちのプレーぶりが容認できなかった。しかも、基本を徹底するためにパスをキャッチするような初歩的な、しかし大切な練習メニューを取り入れると、反発する学生もいた。

あまりにも多くの改革に時間を割かねばならず、丹羽の監督初年度は関東大学対抗戦グループで5位に終わり、大学選手権でもセカンドステージ（16チームを4つのグループに分けて4チームで総当たり戦を行ない、1位チームだけが準決勝に進出する）で、慶應と2勝1敗で並びながら、トライ数の差で慶應を下回って敗退した。慶應と東海大学にどちらも1点差で競り勝ちながら、最終戦で立命館大学に10対12と敗れたのが響いた結末だった。

それでも、年を追って寮内の規律が回復するにつれ、対抗戦の成績は14年度が3位、翌15年度には同率1位（6勝1敗で帝京大学と同率となったが、当該校の対戦で敗れたため2位扱い）と、少しずつ上向いた。15年度は、大学選手権でもセカンドステージを3戦全勝で突破して10年度以来

5年ぶりに準決勝進出を果たし、ようやく寮での年越しが実現した。

丹羽は、監督としての最後のシーズンとなった17年度に、翌年度からの監督就任を前提に、田中澄憲をヘッドコーチとして招いた。サントリーで現役を引退してからもチームの運営に関わっていた田中に、今後のクラブの運営と、ラグビー面での強化を引き継ごうと考えたのである。これまでの改革で土台が整い始めた手応えを踏まえ、今度はラグビー面でも未来に続く強固な基盤を築くための決断だった。

その甲斐あってか、明治は対抗戦で5勝2敗の成績を残して早稲田、慶應と同率2位になり、3校が3すくみとなったため総得失点差で大学選手権に向けた順位が決められて、明治が2位となった。準々決勝から登場した大学選手権では、前年度に3回戦で敗れた京都産業大学に27対21と雪辱を果たして準決勝に進出。準決勝でも、関東大学リーグ戦グループ1位の大東大を43対21と破って19年ぶりの決勝進出を果たした。

決勝の相手は、これまで大学はおろか社会人チームも為し得なかった8連覇を前年に達成し、9連覇に挑む帝京だ。

明治は、センター梶村祐介《かじむらゆうすけ》が前半7分にインターセプトからトライを奪って先制すると、さらに2トライを追加して17対7と試合を折り返し、後半立ち上がりにスタンドオフ堀米航平《ほりごめこうへい》がペナルティゴールを決めた時点で13点差をつけた。

しかし、帝京の反撃に遭って2トライを奪われ、いずれもコンバージョンを決められて、残り20分を切ったところで20対21と逆転された。

ここから両チームの死闘が繰り広げられたが、明治は1点差を逆転できないまま、準優勝に終わった。それでも、丹羽が5シーズンにわたって生活の基本から見直し、ラグビーでも基礎を徹底したことで、復活への道筋が見え始めたのである。


丹羽が当時を振り返って、しみじみと述懐した。

「寮での私生活や態度が変わると、プレーも如実に変化した。タバコの問題は、準優勝した古川《ふるかわ》（満《みつる》）主将たちの代で全員が吸わなくなりました。僕が、生活指導みたいに細かいことを厳しく言ったのは、ラグビー部にまだ残っていた〝悪しき文化〟を変えたかったから。

学生たちは、みんな明治でラグビーをやることに大きな期待を持って、最初は真っ白な状態で入部してくるんです。それが、変な上下関係や訳のわからないルールといった良質ではない部分によって少しずつ変質していく。そういう部分を変えたかった。

でも、明治には、僕が監督になる前の年にも石原慎太郎《いしはらしんたろう》や堀江《ほりえ》恭佑《きょうすけ》といったのちにトップリーグで活躍し、日本代表にも選ばれた選手がいた。意識が高くて本当に強くなりたいと考えていた選手たちはいたんです。15年度の中村駿太《なかむらしゅんた》たちの代もそうだった。それぞれの指導者も頑張っていました。でも、結果が出なかった。勝ちたいという意識を、勝つための具体的な方法に結びつけることが難しかったのだと思います。僕が監督をやっていたときも、学生たちは『打倒、帝京』と言っていましたが、そのためには日本代表レベルの身体づくりを目指さなければならないのに、まだそこまで到達していなかった。だからヘッドコーチの小村淳《こむらあつし》やコーチの土佐忠麿《とさただまろ》といっしょに、なんとか選手たちを引き上げようとした。そうした土台の上に、澄憲にコーチングを施してもらおうと考えたのです」

明治の伝統として継承されてきた「自主性」は、あくまでも一人ひとりの部員たちに、規律を守り、自らを律する意識があって成立していた。もちろん、寮内の不条理な上下関係もあったが、生活の中心にはラグビーがあり、この競技に対するモラルは高かった。だから強豪として君臨し、数多くの名選手を生み出すことができた。

しかし、「自律」という意識が薄れると、自主性は自分の都合に合わせた使い勝手のいい免罪符となって、寮内だけにとどまらず、グラウンドにも影響を及ぼした。

丹羽は、その根幹部分にメスを入れ、ラグビー部を、5年がかりで規律を守り、ラグビーに対して真摯に向き合う集団へと立て直したのである。

©産経新聞社

PROFILE

丹羽政彦（にわ・まさひこ）

1968年、北海道出身。現役時代のポジションはウィング（WTB）。4年時には大学選手権優勝に貢献。大学の同期・吉田義人とはバックスでコンビを組んだ。大学卒業後は清水建設に入社。関東社会人リーグで2度の優勝を経験し主将も務めた。2013年に吉田義人の後任として明治大学ラグビー部の監督に就任し、2017年まで監督を務めた。

人として「成長」できる組織へ　〜田中澄憲の挑戦〜

「ラグビーを教えているだけじゃなかったな、と今は思います」

丹羽のあとを引き継いで監督に就任した田中澄憲は、そうした丹羽の功績を称えて感謝の気持ちを抱いている。

こう言うのだ。

「僕が監督になったときは、丹羽さんが基礎の部分に手を着けてくれていたので楽でした。本当に丹羽さんの功績は大きいと思います。僕には、それをもう少し進化させてラグビーに打ち込む風土を作りながら、ラグビーの面でも強化に着手して、この二つを軸にチームを少しずつ良くしていきたいという思いがありました。僕はいいタイミングで引き継がせてもらったと思いますよ。丹羽さんも、よく僕を呼んでくれたと思いますね」

百周年に向けた土台が整備されたのが、丹羽が監督を務めた5シーズンであり、それをさらに整備してラグビーの面でもトップレベルを目指そうとしたのが、監督としての田中だった。

明治を卒業後にサントリーに入社した田中は、トップリーグが始まる以前の社会人ラグビーの時代からスクラムハーフとして活躍し、7人制、15人制の両方で日本代表に選ばれた。サントリーでの現役時代には、24年に二度目の日本代表ヘッドコーチに就任したエディ・ジョーンズのコーチングを受け、ラグビーの奥深さを学んでいる。だから、田中が学生たちに課す練習はエディの影響を色濃く受けており、練習時間は90分程度と短いが、濃密だった。練習中の選手のふるまいは細かくチェックされ、疲れた選手が膝に手を置いたり、下を向いて呼吸を整えようものなら厳しい叱声が飛んだ。

しかし、古巣に戻って東京サントリーサンゴリアスの監督となった今、田中は自分のことを「そんなに細かいコーチングをするタイプではない」と話し、明治の監督だった4シーズンに、ラグビーを強化するのと同じくらいの力を「部員たちの人間としての成長」をサポートすることに割いたと話す。

「大学ラグビーで監督をやる以上、優勝を目指すことは必要でしょう。ただ、たとえ結果がベスト4に終わったとしても、その過程で学生がベストを尽くしたかどうか。そして、学生に成長が見られたかどうか。そういう学生たちの成長は大事にしないといけない。指導者にとっても、それを見ることが、学生スポーツの醍醐味だと思います。

学生たちも、もちろん勝つことを目指すのですが、でも、クラブのなかには試合に出られない選手が当然出てくる。そういう選手たちが、試合に出られない自分に何ができるかを考えて、優勝というチームの目標を『自分事』にすると、行動がどんどん変わってくる。本当に全然違う人間になって卒業していくことがよく起こるんです。そういうケースを明治で目の当たりにしてきた。それが僕にとってはすごく魅力的でした。

僕は、学生たちに勝つことを経験させてあげたいという思いはもちろんありましたが、それプラス、自分たちで運営できるような組織を作りたいという思いも大きかった。

ラグビー部では、お金のことも学生たちが把握して、しっかりセーブするところはセーブして運営していました。もちろん、ほったらかしではなく、僕もいっしょに管理を手伝いましたけど。でも、そういうふうに運営すると、学生がどんどん考えるようになって、『こんなことをやりたい』と言ってくる。僕は、そういうクラブであり続けることが、明治のラグビー部の存在意義みたいなものだと思います。ラグビー部がそういう組織だから、人が育つんじゃないですかね」

田中は、丹羽に請われてヘッドコーチとなったとき「学生コーチという制度を作ったらどうですか」と提案した。明治に来て、公式戦出場に届かない4年生のなかに、目標を見失って「ちょっとクサっているような」選手を見たのがきっかけだった。

丹羽は、「せっかくラグビー部に入ってきたんだから、ラグビーをさせてあげたい」という思いで学生コーチを置いていなかったが、田中は監督に就任するとこの制度を始めた。

2019年、八幡山グラウンドで指揮を執る明大監督当時の田中澄憲（©岡戸雅樹）

「公式戦に出るという目標を失った4年生が、毎日ただ単に練習に出て、さしたる目標もなく就職活動をしていた。僕には、彼が目標もなく練習している時間がムダに思えた。だったら、学生コーチという役割を与えて、大人といっしょに仕事をして、人として成長すれば社会に出て役に立つのではないかと、考えたのです」

そして、練習についていけないレベルの1年生に、シーズンが終わってから「学生コーチをやったらどうだ?」と持ちかけた。学生もコーチになることを承諾したが、そこからが大変だった。

「最初はどうしようもなかったですね(笑)。朝、6時半からの練習が始まる前に準備をするのですが、グラウンドに来るのが僕らより遅かったり、ミーティングをやると伝えたのに来ない。それで部屋を覗いたら寝てた、とかね。そういうことが何回もあった。

でも、いっしょに仕事をするうちに彼も段々変わってきた。特に4年生になったときは、放っておいても、すべてやってくれるくらい仕事ができるようになった。ラグビーも勉強して理解したし、『こういうことをやりたいから、こういう練習をする』という意図も全部理解して、トレーニングを引っ張ってくれた。選手とコーチ陣の間に立って、選手に『コーチはこういうことを考えている』といったコミュニケーションもとれるようになった。その頃には、選手からの信頼も抜群でした」

この学生コーチは、一般入社でサントリーを目指したが、社員で課長でもある田中は、内定が出るとは考えていなかった。二次面接に進んだと報告を受けたときにも「良かったね。でも、そこで終わりだな」と考え、素っ気なく返事をしただけだった。だから、「受かりました」と報告されたときには心底驚いて、知人の人事担当者に電話をして採用の理由を尋ねた。

「タフで得意先にかわいがられそうだから」が、採用の理由だった。

こうした〝成長〟を見るにつけ、田中には大学ラグビーの新しい魅力が見えてきた。

「僕はラグビーの指導者として明治に関わりましたけど、でもラグビーを教えているだけじゃなかったな、と今は思います。生き方とか、社会に出てからの生き抜く力といったものをアドバイスしたり、人より早めに準備させたり、経験させてあげられた。それが、学生ラグビーの魅力ですね。この学生は、本当に人間が変わりましたからね。ビックリしますよ。最初にコーチをやらせたときは『今年でクビにしよう』と思っていましたから（笑）」

「明治は逆境から這い上がって勝つほうが合っているのかもしれませんね」

もちろん、ラグビーでもきちんと結果を出した。

18年度は、対抗戦で帝京には勝ったものの、早稲田と慶應に敗れて5勝2敗。慶應と同率3位になり、当該校同士の対戦で敗れていた明治は4位扱いで大学選手権に進んだ。そのため、12

月16日の3回戦は大阪に遠征しての立命館大学戦で、この試合を50対19と制して進んだ22日の準々決勝も、大阪での、関東大学リーグ戦で優勝したシード校、東海大との対戦だった。

明治は、この厳しいスケジュールを跳ね返して東海大に18対15と競り勝ち、年明けの準決勝でも、1ヶ月前に27対31と敗れた早稲田に31対27と雪辱して決勝進出を決めた。

そして、迎えた決勝戦で、帝京を破った天理大学にも22対17と競り勝って22年ぶりの優勝を達成したのである。

この間、12月の早稲田戦に敗れた直後に、田中は、スクラムでペナルティをとられた場面をミーティングで見せて、フォワードとバックスの間でコミュニケーションがとれていないことを指摘。それを受けて、バイスキャプテンでスクラム最前線で戦うプロップの祝原《いわいはら》涼介《りょうすけ》が田中のもとを訪れて、キャプテンでスクラムハーフの福田健太に、もっと積極的にコミュニケーションをとるように直接言ったほうがいいのか相談を持ちかけた。田中は「腹を割って話したほうがいいのではないか」とサジェストして、祝原は意を決して福田と1対1で話し合った。それが後日の、4年生全部員によるミーティングに結びつき、チームの結束が固まった。

決して順調とは言えなかったシーズンの終盤に、バイスキャプテンが、意を決してキャプテンと〝サシで〟話したことが、優勝に向かう原動力となったのである。

これに対して、2番フッカーの武井日向がキャプテンを務めた19年度は強化が順調に進み、春の練習試合や招待試合も含めて、夏合宿の練習試合で慶應に負けた1敗を除いて、全勝で大学選手権の決勝に進出した。

相手は、春の招待試合でも、秋の対抗戦でも勝っている早稲田だった。

ところが——明治は、早稲田に徹底的に分析され、自分たちの強みを発揮できぬまま前半で0対31と大量リードを許し、後半に猛反撃で5トライを奪って追撃したが、ついに点差を逆転できず、35対45で敗れて準優勝に終わった。

田中が振り返る。

「福田が優勝した年は、対抗戦は4位だったんですが、慶應に負けてから帝京に対してどう戦うかを学んだし、選手権前に早稲田に負けて、そこから修正したところがすごく機能した。それを考えると、明治は打たれ強いというか、殴られてもしつこく立ち上がるというか、逆境から這い上がって勝つほうが合っているのかもしれませんね。明治だけではないと思いますが、学生は痛い思いをするまでなかなか修正しようとは思わないですから。

翌年の武井のときは『上手く行き過ぎて怖い』とずっと言っていたんです。（コーチの）伊藤宏明にもそう言っていた。だから、大学選手権初戦の関西学院大学戦に、コンディションの悪い主力を外したんです。関西学院もいいラグビーをしていたし、舐めたらやられると思っていましたが、少し難しい試合をしないと、力が伸びない。そうしたら、ちょうどいいくらいのゲームになったんですけど（22対14）、次の準決勝で東海大学に完勝した（29対10）。本当に相手の強みを消して、自分たちのやりたいことをやるようなゲームができたんです。それで、これがまた選手たちの大きな自信になってしまった……。

学生に緊張感を持たせる案配が難しいんですよね。帝京はそういう隙を作らないチームですから勝ち続けられるのかもしれませんが、僕は明治ＯＢですからね、どこかでおおらかさが出ちゃうんです（笑）」

田中の言う「おおらかさ」の現れかもしれない現象を、田中が監督を退いてからも明治でコーチを続けた伊藤宏明は覚えていた。

「日向のとき（の決勝戦）は、『どうやっても負けるわけがない』と思っていました。夏合宿で慶應に負けただけで、それ以外はどこにも負けていないですから。でも、結果は負けた。あれ以降、試合が怖くなりました、相手がどこであろうが。

僕は、あのときは澄憲のチームだと思っていたのですが、決勝戦の当日に『ヤバいな』と思ったことが一つだけあった。あの決勝戦だけ、澄憲が試合前から終始笑顔だったんです。それまで澄憲が試合当日に笑顔を見せたことはなくて、ずっと締まった雰囲気を発していた。それなのに、あの試合だけ終始ゆるかった。僕は、最後の最後に選手たちを、自信を持って送りだそうとしたのかなと思っていたのですが、本当に澄憲の雰囲気一つでチームの雰囲気が変わる。だから、澄憲の柔らかさを見て、それがいい方に転がるのか悪い方に転がるのかわからなかった。澄憲がいいとか悪いとかそういう話ではなく、あの柔らかさが、あの試合の唯一の敗因だと思っています。

ただ、別な見方をすれば、早稲田には齋藤直人《さいとうなおと》、中野将伍《なかのしょうご》、長田智希《おさだともき》、下川甲嗣《しもかわかんじ》、岸岡智樹《きしおかともき》といったいい選手がそろっていた。あのときの明治もそうそうたるメンバーでしたけど、でも、そのなかから誰もジャパンには選ばれていない。それを考えると、チームとしては明治のほうが良かったのかもしれないけど、最後に結果を出したのはいい選手を揃えた早稲田だったと、言えるのかもしれませんね」

田中の柔らかさが勝敗に影響したかどうかはさておき、確かに伊藤が名前を挙げた早稲田の選手たちのなかから、齋藤、長田、下川の3名が23年のラグビーワールドカップ2023フランス大会日本代表に選ばれている（中野も代表に選ばれたが、大会直前のイタリア遠征で負傷離脱）。一方、このときの明治のメンバーからは、誰も代表に選ばれなかった。

代表選手の選考には、そのときのヘッドコーチの戦略や考え方、ゲームプランへの向き不向きなどさまざまな要素が加味されるので、一概にそれが勝敗につながるとは考えられないが、それでも早稲田の戦力が充実していたことは確かだった。

翌20年度は、新型コロナウイルスのパンデミックの影響を受けて思ったような活動ができず、それでも対抗戦で早稲田との対戦を制して優勝したが、大学選手権の準決勝で天理に15対41で敗れ、4シーズン続けてのファイナリスト進出が断たれた。

そして、21年4月いっぱいで監督を退任してサントリーに戻った。

「みんなに応援されるようなクラブになってほしい」

今、田中は監督した時代を振り返って、明治の未来にこんなメッセージを寄せる。

「これからの明治には、みんなに応援されるようなクラブになってほしい。勝つことも含めて、見ていて気持ちがいいとか、そういう理由で、在校生も、学校側も、みんなが応援したくなるようなクラブになることが大事だと思います。どうやってそういうクラブを作るのかまではわかりませんが、僕は、学生スポーツは4年生のものだと思っているので、4年生がどうしたいかによってクラブの風土とか結果も変わってくる。だから、4年生が作り上げるものを尊重したいですし、そういうクラブ作りが、学生スポーツの醍醐味だと思っています」

そのうえで、百年後のラグビー部の在り方を問うと「誰も答え合わせをする人がいないじゃないですか」と笑いながら、近い将来の在り方について、「個人の考えですが」と前置きした上でこんなアイディアを話してくれた。

「現実的に可能かどうかは別にして、僕は元木由記雄さん（現・京産大GM）を10年くらい大学が雇って北島先生のような監督にして、その下に優秀なコーチを集める方法があると思うんです。というのも、チームが優勝するためには、『優勝するためにこういう努力をした』『こういう状況でベストを尽くした』という経験を持っている人が監督をするほうがいい。もちろん、優勝経験がなくても監督は務まりますが、『大学で優勝するのはこういうときだよな』とか『優勝するために、チームはこうあるべきだよな』という感覚を持っている人間のほうが、いざというときに対応できるような気がします。

でも、明治は、福田たちが優勝するまで20年以上のブランクがあったから、優勝経験を持った若い指導者が出るまでには まだ時間がかかる。福田や武井たちが指導者になるのは、まだまだ先でしょうからね。だから、元木さんのような監督がどっしりと『明治のラグビーはこうだ』と方針を示して、それを勉強を積んだコーチがサポートするような形にすればいいのではないかな。あくまでも、これは僕のアイディアですけどね」

このアイディアが実現するかどうかはともかく、田中は、シーズン中から紆余曲折があった福田たちの代で見事に優勝を遂げ、盤石に思えた武井たちの代では決勝戦でまさかの敗戦を喫した。確かに大学ラグビーという独特な世界で結果を出すには、そうした不条理さまで含めて対処できる人材が、チームには必要なのかもしれない。

それでも、優勝という大目標に向かって妥協を排した厳しい練習を選手たちに課しながら、その一方で学生たちの成長を見守り、彼らが成長するからこそ次の代もまた優勝を狙える戦力を整えられる——という好循環を、丹羽の改革を引き継いだ田中は実現した。

それが継承されたからこそ、百周年を迎えたチームのドラマは生まれたのである。

©東京サンゴリアス

PROFILE

田中澄憲（たなか・きよのり）

1975年、兵庫県出身。現役時代のポジションはスクラムハーフ（SH）。明大3年時には大学選手権優勝を経験。4年時には主将に就任し、大学選手権準優勝。大学卒業後はサントリーに入社。2005年には7人制日本代表に選出され、ワールドカップにも出場。2010年度に現役引退し、2012年度からサントリーのチームディレクターに就任。2016年度にはトップリーグ、日本選手権と2冠達成に貢献。2017年に明治大学ラグビー部のヘッドコーチに就任し、2018年から2021年まで監督を務める。2022年より東京サントリーサンゴリアスの監督に就任。

22年ぶりに見た「勝者の景色」
～福田健太の「前へ」～

田中澄憲ヘッドコーチの就任で変わった空気

「勝者には色が着いていて、負けたチームはモノクロ」

福田健太は、3年生だった17年に、八幡山にやってきた新しいヘッドコーチからその言葉を聞いた。そのときはまだ、残り2年弱となった大学生活で、色が着いた世界とモノクロの世界をどちらも体験することになるとは考えていなかった。ただ「ふ～ん……」と聞いていただけだった。

でも、なぜかその言葉が心に引っかかった。

言葉を発したのは、福田が今も「キヨさん」と呼ぶ、田中澄憲だ。

このヘッドコーチが就任して以来、「明治が変わった」と感じていた。

全員が本気で心の底から優勝を目指しに行く空気が、グラウンドに、寮に漂い始めた。コーチ陣から提供されるデータは、自分たちが着実に成長していることを示している。それがまた「本当に優勝したい」という気持ちをかき立てた。

福田が言う。

「GPSのデータや測定の結果で『成長できている』と感じることができた。コーチ陣から、当時9連覇を目指していた帝京の試合中のデータと比較して、『ここが帝京に近づいている』という話をされたこともありました。それが、1年生、2年生のときと違いました。その頃は口では優勝と言っても、なかなか道筋が見えなかった。優勝へのロードマップじゃないですけど、具体的なデータがあって、選手自身が成長を感じることができた。だから、全員が本気で優勝を目指しにいくようになりました」

そのシーズン、秋の対抗戦は帝京が7戦全勝で優勝を遂げたが、2位争いは混沌とした。明治は、慶應に26対28と競り負けたが、早稲田には29対19と快勝。その早稲田が、慶應を23対21と破っていたため、3校の順位は総得失点差で決められた。その結果、明治は2位となって、大学選手権にシードされ、準々決勝からの登場になった。

そして、京産大、大東大を破って19シーズンぶりに決勝進出を果たす。

結果は、20対21と1点に泣いて準優勝に終わったが、この試合のラストプレーがヘッドコーチの目にとまった。

明治が反則を犯して帝京にペナルティキックが与えられ、帝京がボールを小さく蹴ってからタッチに蹴り出せば試合が終わる。誰もが試合終了を確信し、明治ファンは落胆の声を、帝京ファンは歓喜の声をもらしていたときだ。

福田は、帝京の選手が小さくボールを蹴った瞬間に、身体が自然に反応してキッカーめがけてトップスピードでチャージに出た。もちろん、ルールでキッカーから10メートル離れていたために、福田が飛び込む前にボールは外に蹴り出されていた。

「なんでおまえ、あのときチャージに行ったの？」

ヘッドコーチの田中に訊かれた福田はこう答えた。

「4年生を勝たせたかったんです」

のちに、福田は田中から「あのプレーを見て、キャプテンは健太にしようと思った」と伝えられた。伝えられた福田は、キャプテンとして「勝ちたい気持ちを一番に出さないといけないんだ」「泥臭くプレーしないといけないんだ」と肝に銘じた。

それが、準優勝で終わったシーズンだった。

大きなプレッシャーをひとりで抱え込むキャプテンという重責

4年生となって迎えた18年秋の対抗戦も、順位争いは混沌とした。慶應に24対28と敗れたものの、そこから課題を修正して帝京を23対15と破る。そして、5勝1敗で迎えた最終戦で、早稲田に勝てば帝京と6勝1敗で並ぶが、当該チームの対戦で勝っているため優勝となるはずだった。しかし、勝負所のスクラムでペナルティをとられて早稲田に4点差で敗れ、慶應と5勝2敗で並んだものの直接対決で敗れていたため4位となった。

福田は、不安に思った。

4位から大学選手権を勝ち抜いて優勝することができるのか？

自分はともかく、選手たちが「優勝は無理だ」と諦めてしまうのではないか？

ところがミーティングで不安が解消される。

コーチ陣は、帝京が2連覇を達成した10年度、吉田光治郎《よしだこうじろう》キャプテンのときのチームが対抗戦4位からの優勝だったことを選手たちに伝えて、こう言った。

「学生は短時間でどれだけ成長できるかがカギになる」

これが「優勝を諦めるか、さらに成長を続けるかの分かれ目になった」と福田は言う。

「ほとんどの選手が優勝は無理だと思っていた、と思います。でも、せっかく成長曲線を昇ってきたのに、そこで諦めるのではなく、さらに成長を続けたかった。だから、吉田さんたちの例は僕たちが求めていた情報でした。たぶん、それまでの明治だったら、4位になった時点で優勝が難しいと思って、あとは運に任せる、みたいな気持ちになっていたでしょうね」

そんな時期に、福田は、バイスキャプテンでプロップの祝原涼介から「一回、部屋に来てもらっていい？」と、真顔で伝えられた。そして、祝原の部屋を訪れると、いきなり真剣な表情でこう切り出された。

「オレは勝ちたい……」

祝原からは、試合中にもっと積極的にコミュニケーションをとってほしいと伝えられた。福田自身も、キャプテンとして「チームをなんとかしなければ」とプレッシャーをひとりで抱え込んでいた時期だった。だから、素直に思った。「僕も、もっとみんなに頼らなきゃ……」と。

この話し合いからの自身の変化を、福田はこう振り返る。

「イワと話して、僕もハッとしました。もう一度、自分自身を引き締めなきゃいけないと思うきっかけになりました。すごく大きかった。僕のプレーも変わりました。原点じゃないですけど、キャプテンというより福田健太としてのパフォーマンスはどうなんだ？　というところに立ち返らせてくれた。キヨさんからも、『そもそもなんでおまえをキャプテンにしたかわかるか？』と言われました。『明治はファンも多いし、OBも応援してくれる。社会的な影響もある。そういうチームのキャプテンだと、変に重荷に感じて優勝しなきゃと思い込んでしまうけど、健太は一貫性を持ったいいプレーをして、みんなをインスパイアできるからキャプテンになったんだよ』と。そう言われて気づいたんです。それまでは、どうしても自分でチームを引っ張ろうとか、どういう言葉を使おうかと考えがちだったけど、要は自分のプレーでしっかりといいパフォーマンスを続けることが大事なんだ、と。対抗戦のときは気づけなかったけど、大学選手権を前に気づくことができたんです」

その後の4年生全員が集まってのミーティングを経て、チームの結束は固まった。

そして、大学選手権での快進撃が始まった。

「4年生の僕たちが一つにつながれたことで後輩たちもついてきてくれた」

準々決勝の東海大戦は接戦となった。

最終スコアは18対15。

明治は、関東大学リーグ優勝チームに競り勝って、準決勝へと駒を進めた。

接戦のなかでも、福田の気持ちは落ち着いていた。

「見ていたほうはハラハラドキドキだったと思いますが、プレーしている僕は全然負ける気がしなかった。みんなが、気持ちの上だけではなく、プレーの上でもつながっているのを感じていました。信頼感が大きかった。キヨさんから『学生スポーツは4年生のものだ』ということをすごく言われていたけど、4年生の僕たちが一つにつながれたことで後輩たちもついてきてくれた。今振り返れば、そういうところはリーグワンやトップリーグとは別物でした。本当に、大学ラグビーはまったく違うスポーツだと思いますね」

そして、そんな「つながり」を実感したのは、準決勝で早稲田に雪辱を果たして迎えた決勝、天理戦の終盤だった。

残り時間が20分を切った時点で、スコアは22対5と明治がリード。ツーチャンスでも追いつかれない17点差をつけて、勝利へ大きく前進したように見えた。

しかし、そこから天理の猛反撃を食らって12点を失い、点差はワンチャンスで逆転可能な5点まで縮まった。前年度の決勝も、明治が帝京に13点差をつけてリードしながら後半に逆転され、1点差で優勝を逃している。そんな思い出したくもない記憶をよみがえらせるような展開となった。

それでも福田はまだ冷静だった。

10連覇を狙った帝京を準決勝で破った関西王者の実力はよくわかっていた。そんなに簡単な試合にならないことも覚悟していた。だから、あわてなかった。

キャプテンが心底「ヤバい！」と思ったのは、残りあと1分のスクラムだった。

明治は、その直前にボールを獲得し、密集を小刻みに作って勝利のためのボールキープに入っていた。ところが、その密集でボールがこぼれて天理ボールのスクラムとなる。相手にボールを与えなければ逆転はないと信じて選択したプレーで痛恨のミスを犯してしまったのだ。このスクラムから天理がアタックを仕掛け、それを守り切れば明治の優勝だが、もし天理がトライを獲ってコンバージョンを決めれば、またもや優勝が手のなかからこぼれ落ちる。もちろん、このスクラムで反則をすることもできない。

そのとき、スクラムを組む前に、明治のフォワード8人が集まって、短くハドル（円陣）を組んだ。これから組むスクラムに向けて気持ちを整え、集中するためだ。

そして、明治はスクラムをしっかりと耐えて防御に集中し、天理のアタックを止めて勝利を

大学選手権決勝で天理大学を22－17で破り、22年ぶりの大学選手権制覇。
福田の苦悩が報われた瞬間だった(©産経新聞社)

告げる笛を聞いた。

22年ぶりの優勝の瞬間だった。

福田が振り返る。

「それまでの明治だったら、リーダーの僕が『ヤバい』という気持ちになったら、みんなに伝染したと思う。でも、気づいたときには、フォワードがハドルを組んでいた。それを見て、少し気持ちが落ち着きました。イワや井上遼《いのうえりょう》といった頼れるリーダーいたからこそ、チームは最後に守り切れた。ああいう状況でリーダーシップが発揮されたのは、選手権に入ってからのコミュニケーションがきっかけだったと思います。

もちろん、チームには4年生だけではなく素晴らしい下級生がいて、メンバーに恵まれたのが大前提にあります。ただ、料理に例えれば、そういう素材を料理するのが4年生の仕事だった。僕ひとりでは厳しかったですけど、いいリーダーが周りにいたからこそ、優勝という形で終われたと思います。僕自身、周りのリーダーに恵まれたのが、すごく大きかった」

自分にとっての『前へ』を4年間かけて見つけて行くのが明治のラグビー

優勝を決めた翌朝、福田は寮を出て近所をぶらりと散歩した。

前日に優勝を決めた瞬間に、秩父宮ラグビー場に鳴り響いた「メイジコール」は、福田の耳には勝利を称えるチャントに聞こえた。出がけに目を通したスポーツ紙では一面に明治の記事が載り、確かにそこには「色が着いて」いた。

ふと、ある住宅の玄関に目がとまった。

表札の脇には紫紺と白の段柄の明治のフラッグが、祝日に掲げられる国旗のように掲げられていた。よく見ると、旗から短冊がぶら下がっている。

「優勝おめでとう！」

短冊には、そんな文字が書かれていた。

福田が、「優勝した者にしか見えない景色」を目撃した瞬間だった。

「明治がファンのみなさんにいかに愛されていて、どれだけみなさんが優勝を待ち望んでいたか、本当に伝わりました。八幡山で僕らは毎日練習していますけど、ご近所の方と深い交流があるわけではない。むしろ、早朝から練習するので近所迷惑に近い存在かもしれない。でも、ご近所の方にも応援していただいたんだと身にしみてわかりました。

その前の年は1点差で負けて準優勝でしたけど、その1点でこんなに違いがあるんだ。確かに去年の景色はモノクロだったな、とそのとき思いましたね」


福田は今、トヨタヴェルブリッツに所属し、23年には日本代表にも選ばれて、ワールドカップの試合にも出場した。しかし、チームでは、元ニュージーランド代表で124キャップを持つレジェンド、アーロン・スミスとポジション争いを繰り広げている。

そんな現在を、こう語る。

「僕には、ニュージーランド代表のヤバい選手が入ってきたという感覚があまりなくて、ライバルが増えたみたいに考えています。最初から『アーロンが9番だからオレは21番』みたいに諦める感じはまったくない。もちろん、端から見ても自分から見てもアーロンのほうがプレーヤーとして一流ですけど、自分のプレーのどういうところを克服して勝つかと、日々考えるきっかけになっています。僕は成長をやめたくないという気持ちを常に持っているんですよ。絶対に自分の成長を止めたくない。ずっと上手くなり続けたいという気持ちを捨てたことがなくて、その結果が代表につながった。でも、ワールドカップの試合に出られたからといって、僕は全然満足していません」

それが、福田にとっての「前へ」なのだとも言う。

「明治のラグビー部では、1年生で入ったときにOBの方から『北島先生の前へとは』みたいな講義があるんですよ。僕は、そのときに配られた紙を今も持っています。ただ、それはあくまでも模範解答みたいな感じで、自分にとっての『前へ』を4年間かけて見つけて行くのが明治のラグビー部だと思います。僕にとっては『逃げないで常にやり続けること』が、4年間で教わった『前へ』でした。でも今、僕には、常にプレーヤーとしての成長を追い求めることで人間としても成長したい気持ちがある。それが、今の僕にとっての『前へ』になっています」

シンプルな言葉である「前へ」の解釈は、人それぞれによって違っていい。

どれが正解という話ではなく、一人ひとりがつかんだ「これが自分の『前へ』だ」という認識が、この言葉の奥深さをさらに豊かにするのだ。

©TOYOTA VERBLITZ

PROFILE

福田健太（ふくだ・けんた）

1996年、埼玉県出身。ポジションはスクラムハーフ（SH）。明大4年時には主将として、22年ぶりの大学選手権優勝に貢献。卒業後はトヨタヴェルブリッツに加入。2023年、ラグビーワールドカップ2023フランス大会メンバーに選出され、サモア戦で代表初キャップを飾る。

明治の借りは明治でしか返せない
～武井日向の無念～

盤石の強さを見せていたチーム

前年度のキャプテン福田健太とは対照的に、19年度のキャプテンを務めた武井日向は、3年生で優勝を経験し、「色の着いた」景色を堪能した。しかし、4年生の最後に待ち受けていたのは「モノクロ」の景色。シーズンを危なげなく全勝で勝ち進み、目標達成まで着実にステップアップして、行く手に「連覇」の文字がくっきり見えた瞬間に、予期せぬ落とし穴にすっぽりはまったような準優勝だった。

武井たちのチームは盤石の強さを見せていた。

2番の武井が舵取りをするスクラムは強力で安定し、バックスは前年度のフルバックから10

番のスタンドオフにコンバートされた3年生の山沢京平《やまさわきょうへい》が、卓越したセンスでアタックを主導。トライを量産した。

対抗戦を7戦全勝で優勝したのはもちろん、7試合での最小得失点差は帝京戦の23点。つまり、相手に7点差以内の接戦はおろか、20点差以内にも迫らせなかった。

監督の田中澄憲は、春先から試合を勝利で終えるたびに「まだダメ、全然ダメ」と繰り返していたが、それも今から思えば、これといった弱点のないチームを慢心させないための予防線だったのかもしれない。

大学選手権でも、準決勝の東海大戦では開始早々にペナルティゴールで先制を許したが、そこから2トライを奪って17対3で試合を折り返し、後半も東海大のトライを1本に抑えて29対10と快勝した。

そんなチームが、国立競技場に5万7千345人の大観衆を集めた決勝戦で早稲田と再戦したときだけ、まったく違うチームとなった。

最終スコアは35対45だが、前半だけを取り出せば0対31。

明治のファンには信じられない光景だった。

「連覇できなかったというのは、まだ甘さや慢心があったということでしょう」

この試合から2ヶ月ほどが経過し、新型コロナウイルスの感染拡大で世の中がざわつき始めた頃、決勝戦について田中に話を聞いたことがある。

そのとき、田中はこんなことを話してくれた。

「決勝で、早稲田がキックオフを逆に蹴ったり、いろいろな対策を練ってくることはわかっていました。僕も（伊藤）宏明といっしょに、明治はここをこう抑えられたら弱いといった、ウィークポイントも洗い出していた。でも、グラウンドに出れば、東海大に完勝した選手たちが、自信満々で練習をしている。それを見ていると、早稲田対策を切り出せなかった。そんな練習をしたら、選手から『監督、なに弱気になってるんですか』と言われそうで（笑）。だから、選手たちに自信を持って臨ませるように練習を組み立てました」

今回の取材で、この話を武井にぶつけると、こんな答えが返ってきた。

「あのシーズンは、決勝以外はすごく良い調子で勝っていました。確実に成長している手応えがあった。でも、連覇できなかったというのは、まだ甘さや慢心があったということでしょう。

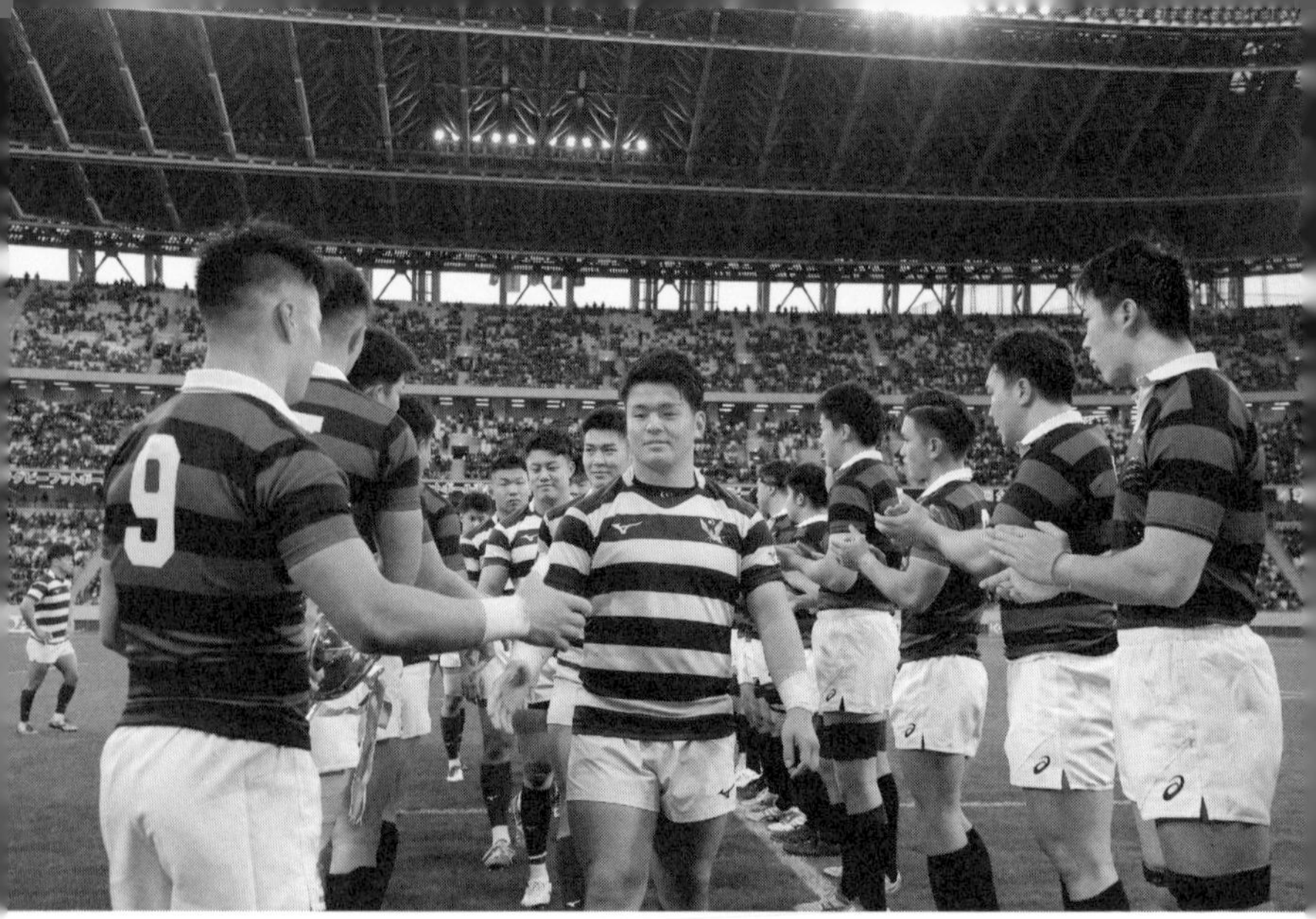

圧倒的な強さで大学選手権決勝に進出。そして、早稲田大学と再戦し、35－45で敗れ、連覇の夢は絶たれた（©産経新聞社）

もちろん勝つ自信はありましたし、僕も、強みをどんどん伸ばして、明治らしく優勝したいと思っていました。たぶん、キヨさんも、そう思っていたと思います。

ただ、最後の最後まで、そこを求め過ぎちゃったのかな……。明治らしさを追求し過ぎたというか、自分たちの強みをもっともっと伸ばそうとした。そこは、もうちょっとクレバーにやれば良かったのかもしれない。僕たちの代は、ラグビーでも、寮内の生活の部分でも『ここはこうしたほうがいい』『ここはこうするべき』と、冷静に見られる選手がすごく多かったので、チームを俯瞰して、欠点はここだよね、と言われても対応できる代でした。だから、早稲田対策をするようなアプローチのほうが、チームとしてもっと成長できたのかな、とも思いますね」

しかし、結果は準優勝に終わった。

長いシーズンを戦い抜いて、最後に決勝まで勝ち残った両チームの実力にそれほど大きな差はなく、ファイナリストとなったこと自体が十分に讃えられる成果だと外部からは見えるが、勝負の内側にいた選手たちにとって、「準」の文字がつく優勝と、つかない優勝の間には、とてつもなく埋めがたい大きなギャップがあった。

武井が言う。

「3年生のときは、報われたというか、やってきたことが全部正しかったと思えた。言葉では言い表せないような満足感を得られました。優勝を目標にやってきて勝った嬉しさというか、『優勝ってこういう感じなんだ』という気持ちでした。

でも、4年のときは、キャプテンをやっていたので、本当に申し訳ない気持ちと悔しい気持ちでいっぱいでした。今でも、どうしたら良かったのか、すごく考えてしまうことがあります。特に、前の年に優勝してやっと復活した明治が、また優勝できない明治に戻るのか、帝京のように連覇を続けられる明治になるのか——連覇して後輩たちにつなげていくのが僕らの代の役割だと思っていたので、あれから明治が優勝できていないことに、すごく責任を感じています。やっぱり、後輩たちに、こうしたら優勝できるということを見せてあげたかった。そうすれば、後輩たちが、ここはもっとこうしたほうがいいといったように、どんどん経験を積み上げていける。今のチームは、もう優勝した経験を持たない選手たちばかりですから、そういうところは本当に申し訳ないですね」

しかし、創部百周年のシーズンを戦った廣瀬雄也たちのチームには賛辞を送る。

「すごく良いチームだったと思います。優勝に値するチームだったと個人的には思っています。秋に帝京に負けてから成長して、早稲田戦から大学選手権にかけて、一戦一戦さらに成長していった。特に、ここはこうした方がいいんじゃないかというところが、毎試合毎試合良くなっていた。すごく良い代だったと思います」

後輩たちが見せた成長率の高さが、武井の琴線に触れたのだった。

「明治の借りは明治でしか返せないと思っているのです」

では、これから将来へ、強くあるために明治は何を柱に据えれば良いのか。

武井の答えはこうだ。

「やっぱり『前へ』という哲学。あれは残さなきゃいけない。それから、重戦車フォワード、特にスクラムやブレイクダウンの強さは一つのシンボルだと思うので、今後もプライドを持って強化をしてほしい。もちろん、ラグビーは、これからもルールやスタイルがどんどん変わっていくと思いますが、それでも相手のゴール前5メートルでペナルティを得たら、スクラムでスコアしてほしい。これは、いちOB、ファンとしての期待です。

もちろん、そのときのメンバー構成にもよるし、僕自身も試合の状況で判断していましたが、いつでもスクラムと言われてもいいだけの準備はしていました。自信も持っていた。それが明治だと思うし、とても大事なことでしょう」

武井には、八幡山での強烈な思い出がある。

ある日、スクラムを担当するコーチの滝澤佳之が、「明治は、なんでこんなにスクラムにこだわって押さなきゃいけないかわかるか？」と話を切り出して、こう結んだ。

「試合を優位に運びたいとか、相手にプレッシャーをかけるとか、そういうことじゃない。オレたちは明治だからだ」

現在リーグワンのリコーブラックラムズ東京でキャプテンを務める武井は、滝澤の話が、あくまでもフォワードのマインドセットとしてのスクラムへのこだわりであることを理解したうえで、こう話す。

「明治のフォワードだったら、やっぱりそこには自信を持ってほしい。スクラムを圧倒する。フィジカルで勝って前に行く。それが明治らしさだし、『前へ』ということだと思います。ただ、僕は、『前へ』という言葉を、そうしたラグビーの面だけではなく、これからの人生で困難なことがあっても、それを乗り越えて行く。前へ進んで行くということだと考えています」

武井には、将来、現役プレーヤーとしてのキャリアを終えたあとも、指導者としてラグビーに携わりたいという思いがある。そして、その先に、個人的な〝リベンジ〟をひそかに目論んでいる。それが、「明治の指導者になって優勝したい」ということだ。

「僕は、明治に対して強い思いを持っています。しかも、4年生で優勝できなかったので、今後、自分が日本代表に選ばれようとも、その悔しさは晴らせない。明治の借りは明治でしか返せないと思っているのです。だから、もし、そういう機会があれば、明治に戻って優勝したい。単に僕が明治で優勝したいだけかもしれないですけど、そういう思いがあります」

果たしていつの日か、武井が、愛する紫紺のジャージーをまとった学生たちに胴上げされる日は来るのだろうか。

©RICOH BlackRams Tokyo

PROFILE

武井日向（たけい・ひなた）

1997年、栃木県出身。ポジションはフッカー（HO）。明大3年時には大学選手権優勝を経験。4年時には主将に就任し、大学選手権準優勝。大学卒業後はリコーブラックラムズ東京に加入。2021年7月、リコーブラックラムズ東京の主将に就任。

「見えない敵」と戦った最終学年
〜箸本龍雅の「葛藤」〜

見事に覆された「フォワードだけのチーム」という先入観

箸本龍雅は、監督に就任する前に「セレクターの元締め的存在」だった丹羽政彦に熱心に誘われ、丹羽のキャラクターに惹かれて八幡山にやってきた。

箸本の入学当時、出身校の東福岡高校から明治に進んだ学生は2学年上にひとりいただけで情報はあまりなく、前年の16年度に明治が大学選手権3回戦で京産大に敗れたこともあって、周囲には「明治で大丈夫か?」と危惧する声もあった。

それでも箸本が明治に進む気持ちを動かさなかったのは、バックスの山沢京平ら高校日本代表で同期となった有望な選手たちも、明治に進むと聞いていたからだった。

明治への入学を前に、以前の不条理な上下関係についての良くない噂が聞こえてきて「けっこう怖かった」という箸本は、代表同期のメンバーたちと積極的に情報を交換して様子を探った。丹羽が寮に住み込んで寮生活の徹底的な見直しを進めていた時期だが、まだ「悪しき上下関係」の噂は根強かったのである。

八幡山の寮に入ると、丹羽が定めた厳しいルールはあったが、理不尽な上下関係はなく、先輩たちも優しかった。ただ、いくら高校日本代表に選ばれた期待の大型新人とはいえ、高校を出たばかりの1年生に、練習は厳しかった。

箸本が言う。

「入学して一番衝撃的だったのが、上級生のバックスの選手にタックルで持ち上げられたことでした。本当にこのレベルでやっていけるのか心配になった。コンタクトの練習も増えたし、接点での当たりも激しかった」

練習に対する取り組みも、高校時代とは違うことが求められた。

「高校の頃は、割とリラックスして練習したイメージですけど、大学になるとラグビーの質が上がった。一人ひとりの役割や、だいたいセットプレーから3フェイズは、だいたいこういう動きをする、といったことが決まっている。動きを事前に準備して覚えていないと練習中にバレてしまうので、練習の準備をする段階が、高校とは大きく違いました」

箸本の入学と時を同じくして、ヘッドコーチに田中澄憲が就任し、練習内容からラグビーを変えようとしているタイミングだった。

高校時代には、明治について「伝統のあるフォワードの強いチーム」というイメージしか持っていなかった箸本は「前へ」という言葉は知っていたが、入部するまでその意味を考えたこともなく、漠然と「外にスペースが空いているのにフォワードがど～んとまっすぐ相手に当たるような、そういうこだわりを持ったチーム」ではないかと想像していた。

しかし、そんな先入観は見事に覆された。

たとえば、フォワードとバックスが連携するようなメニューが取り入れられて、それが終わると、周囲の先輩たちから「この練習はすごいね」という声が聞こえてくる。それが、何よりもリアルに、明治がラグビースタイルを変えようとしていることを伝えてくれた。

「4年間を通じて、明治では、その人が持っているプレースタイルをあまり崩さず、体格や個性に合ったプレーの伸ばし方をアドバイスしてくれた。のびのびとやらせてくれたし、自分の特徴を無理やり曲げてこうしろ、みたいなこともあまり言われなかった。

特にキヨさんは、自分のプレースタイルを理解してくれて、それをどう生かすか考えてくれました。チームの方針から大きくずれると修正をかけられますが、それも、こうしろと言われるのではなく、あえて自分で考えて気づかせるみたいな指導の仕方でした。

特に怒られたことはなかったですけど、考えさせられることは多かった。おかげで、自分が考えていたのと違うシチュエーションになったときに、自分で考える習慣が身についた。チームのために、というのはもちろんですが、まずは個人にフォーカスした教え方だったと思います。一人ひとりの伸びしろが伸びて、その集まりが大きければ大きいほど強いし、それが明治のラグビーになる、みたいな感覚でした。あくまでも僕が感じた印象ですが。だから、明治で良かったと思いましたね」

少しずつ変化していった意識とプレースタイル

チームの成績も順調だった。

1年生で大学選手権準優勝。2年生で22年ぶりの優勝を遂げ、3年生では、武井日向たちの「無念」を間近に感じた準優勝で、天を仰いだ。

箸本自身のプレースタイルも少しずつ変わった。

チームのために、あえて相手が待ち構える、防御のぶ厚いところにボールを持って走り、激しくコンタクトをしてチームを前に出す。そんなプレーを心がけるようになった。

　箸本が言う。

「とにかく、ボールをもらう回数、いかにボールをもらえるところに顔を出すか、にフォーカスしました。倒されて前に出られなくてもいいから一歩裏まで出る。その繰り返しをすごく意識した。それが3年生くらいから習慣づいてきて、相手が待ち受けているから痛いし怖いけど、2メートルでもゲインできて、次のアタックにつながるのならば、あえてそこに走ることを意識しました。たぶん、その部分が明治に入って一番伸びたと思います」

　順調だったのは、キャンパスライフも同様だった。

「最初は早朝から行なわれる練習に慣れなくて大変でした。でも、練習が終われば、フリーな時間だったので、全然縛られている感覚はなかった。日中に友だちとご飯を食べに行ったり、学校に行ったり、遊びに行ったりする時間もありましたからね。

　寮生活も、1年生の頃は、自分勝手な行動をとっている人間を見ると、『ウザい』とか『むかつく』とか、そういう感情を抱きましたが、だんだんその人の性格がみんなに伝わると、『あいつはそういう奴だよな』みたいな感じで、サラッと流せるようになった。あるいは、『あいつ、またやってるよ』みたいな感じでいじられる(笑)。『こうしろよ』みたいなことは言わずに、みんなでその人の性格をわかって、上手く付き合う感じでした。

でも、寮で人といっしょに暮らすから、すべてを自分のやりたいようにやることはできないし、みんなで決めたルールを、みんなで守らなければならない。それが、自分のなかではけっこうラグビーにつながりました。その環境のなかで明治のラグビーを4年間やり続けて、人間的にも成長できたと思いますね」

4年生になってキャプテンとなるまでは——。

「COVID-19」という見えない敵

4年生のシーズン、目標は当然、前年度に達成できなかった大学選手権の優勝だ。

シーズンに入る前には、4年生で話し合ってチームスローガンを「ONE BY ONE」に決めた。

こういう理由からだ。

「僕らの代は、(武井) 日向さんたちのシーズンを踏まえた決め方でした。日向さんたちの代は、決勝まで全勝と調子が良かったけど最後の最後に足をすくわれた。だから、スローガンの『ONE BY ONE』には、『一つひとつ』という意味を込めました。一歩一歩足元を見ながら前に進もうという意味です。どんなに絶好調になっても、過信せず、一つひとつのプロセスを大事にするという意味を込めました。日向さんたちも、12月に早稲田に勝ったあとで『もう一度突き詰めよう、次に対戦する早稲田は強敵だ』と話していたのですが、そこがちょっと薄れた。僕も、負けるイメージが湧かなかった。過信ではないですけど、チームとして、そういう空気になっていたと思います」

しかし、そうやって前に進もうとしたときには、すでに「見えない敵」がじわじわと迫っていた。新型コロナウイルスCOVID-19という敵が。

寮で集団生活を送る部員たちには、当然厳しい規制が課せられた。

大学も、授業はすべてオンラインのリモートで行なわれ、公共交通機関を使って移動することも、外食することも禁じられた。

例年行なわれるラグビーの春季大会もすべて中止となり、これまでペガサスとルビコンの二つに分けて行なわれていた練習も、半年間休止となった。できることは、少人数で集まって身体を動かす程度のことだったが、それでも人数が少しでも多くなると「集団で行動している」と大学に通報が行ったり、苦情が寄せられたりした。

「自粛警察」という言葉が生まれた閉塞感のなかで、学生たちは4人部屋の狭い空間に押し込

関東大学対抗戦、早稲田大学戦で突進する箸本。コロナ禍のなか、
対抗戦では優勝するも、大学選手権ではベスト4に終わった（©産経新聞社）

められ、自分たちで作った厳格な感染予防のためのルールにも縛られて、寮内の人間関係がきしみだした。

箸本も「苦しかった」と、当時を振り返る。

「寮内で『あいつがルールを破った』『いや、破ってない』みたいな、そういう問題があってすごくストレスを感じました。僕らの同期でケンカが始まったりとか、そういうイレギュラーなこともありました。他の大学もそうだったと思いますが、相当なストレスでした」

現在監督を務める神鳥裕之は、箸本たちの代が卒業した直後の21年度に就任したが、そのときもコロナウイルスの猛威は収まっておらず、当時を振り返ってこう話す。

「僕が就任したときも、まだいろいろと制限がありました。コロナ以前は、寮の脇の駐車場で夏はバーベキューをしたり、学年でまとまって遊びに行ったりというイベントがあった。それも明治の文化を形作るものでしたが、コロナの時期は行なうことができなかった。選手たちからは、『少しだけでもいいからイベントをやりたい』という声も出ましたが。

箸本たちのときは、初期だったから一歩も外に出られず、大変だったと思います。

当時は、澄憲と『(学生たちの)メンタル面のケアが必要かもしれない』といった話もしました。仲がいい奴ばかりでもないのに、みんな4人部屋に押し込められて、一歩も外に出られなかったわけですから。娯楽スペースも食堂くらいしかないし、それではくつろげない。部屋のなかで過ごす閉塞感はすごくあったと思います」

秋になって、ようやくラグビーをできるようになったところで、またチームに衝撃が走った。

1年生のときから紫紺のジャージーを着て試合に出ていたバックスの主力、バイスキャプテンの山沢が右膝の靭帯を断裂してシーズン中の復帰が絶望的になったのだ。

山沢は、前年から右肩に故障を抱えていて、監督の田中は様子を見てはメンバーから外して休ませることもあった。このシーズンは、コロナの影響もあってリハビリに集中していたが、今度は膝を痛めてしまったのだ。

それでも、対抗戦では慶應に12対13と敗れたが、最終戦で早稲田を破って優勝する。大学選手権でも準々決勝で日本大学を破って準決勝に勝ち上がったが、ここで天理に15対41と敗れてシーズンを終えた。天理は、そのまま決勝でも早稲田を55対28と破って初優勝を遂げた。

しかし、箸本たちは、コロナ禍ということもあって、決勝を見ることもなく、天理に敗れてから2日以内に寮を出るように言われ、あわただしく巣立った。

「ウィニングカルチャー」を定着させるために何をすべきか

今、箸本は、東京サントリーサンゴリアスでプレーを続けている。監督は、学生時代と同様に田中が務めている。だが、社会人と大学では、またラグビーの質が大きく変わり、新たな役割を担い、地道なプレーにも汗を流さなければならない。

そういう現在をこう語る。

「明治では僕がボールを持って次のアタックの起点になるプレーが多かった。ある意味、主役になるプレーが多かったのですが、社会人になると、メインの突破役は外国人プレーヤーになってきて、僕はフランカーとしてサポートの役割や下働きのプレーが多くなる。

　今は、プレーをしながら『こんなに、みんなに助けられていたんだ』と実感しています。同時に、そういうプレーがまだ苦手だということを感じて、そこを伸ばすのにけっこう時間がかかりました。でも、今は強みにできるようになった。もちろん、大学のときのような突破役の部分も伸ばしてはいますが、プレーの幅は広がったと思います」

　そして、自らの学生時代を振り返って、今の現役たちに、そして、未来に八幡山にやってくる学生たちのために、こんなアドバイスを送る。

「チームにウィニングカルチャー（勝者の文化）を定着させるには、日中に、もう少しラグビーに触れる時間を増やしたらいいんじゃないかなと思います。日中はけっこう時間を作ることができるので、かしこまったミーティングじゃなくていいから、自分たちで相手の試合を見て特徴を話し合うような時間を持ってほしい。もちろん、コーチ陣からも情報は入ってくると思いますが、それとは別に、自分たちで試合を見た感覚だったり、相手と前に対戦したときの感覚だったりを話し合えば、コーチとは違った情報を共有できるかもしれない。相手が何をしてくるかも事前に考えて予測できるかもしれません。

　僕らのときは、朝の練習が終わると、もう『はい、今日は終わり』みたいな感覚がありました。夜は夜で、また明日練習だから早く寝よう、みたいな感じだった。でも、日中はけっこう時間があるのに、ゲームをしたり……で過ごしている。そうやってリラックスするのも大事なんですけど、もう少し話す時間も必要なのかな、と思いますね」

それが、現在は、毎週異なる自分の役割や、大学よりもずっと量が増えたプレーの決まりごとを5日間で頭と身体にたたき込み、1日で自分をリラックスさせて翌日の試合に臨む生活を繰り返している、OBからの提言である。

©東京サンゴリアス

PROFILE

箸本龍雅（はしもと・りゅうが）

1998年、福岡県出身。ポジションはロック（LO）、ナンバーエイト（NO8）、フランカー（FL）。明大2年時に大学選手権優勝、3年次は大学選手権準優勝に貢献。4年時は主将として、大学選手権ベスト4。卒業後は東京サントリーサンゴリアスに加入。

チームをファイナリストに導いた「言葉の力」
～飯沼蓮の「準備」～

「ひたむきに走り続けること」から生まれた「明治タイム」


「明治は強い。何でもできる。だから逆に、強みがなかったりする」

22年ぶりの優勝を1年生で、2年生で準優勝を、3年生でもベスト4を経験した飯沼蓮は、キャプテンとなった4年生の春に、自分のチームに対してそんな認識を持っていた。

ならば、自分たちの代で、何か強みを作ろう――。

飯沼は、自分たちが周囲から「意外にタレントが揃っていない代」と見られていることを理解していた。3月に卒業した前キャプテンの箸本龍雅やバイスキャプテンの山沢京平のような、圧倒的に突出したタレントはいない。1年生のときにAチームとBチームで構成されたペガサスに入っていたのは、飯沼を除けば、雲山弘貴《くもやまひろき》と児玉樹《こだまいつき》だけ。例年よりも少なかった。

しかし、明治のラグビー部である以上求めるのは「優勝」の二文字。

だから、考えた。

何を強みにするのか。

タレントがいなくても戦えるスタイルはどういうスタイルなのか。

飯沼が、4月限りで退任する、監督の田中澄憲と話し合ってたどり着いたのが、「基礎を徹底して、いい意味でも悪い意味でもハデではない、泥臭いチーム」というコンセプトだった。そして、それを可能にするために、「ひたむきに走り続けること」を強みにすると決めた。

もちろん「何でもできる」ことは十分に強みとなり得るが、しかし何でもできるが故に、相手に追い詰められた土壇場で、最後に何を信じるかを一つに絞れない。それに比べれば、春に徹底的に走り込み、最後の20分間に相手を運動量で上回ることは、努力さえすれば可能だし、強みにできる。

「明治タイム」

試合のラスト20分を自分たちが支配するイメージを込めてそう名づけた。

そして、走り込んだ。

「大学チームのキャプテンの気持ちは、やった人にしかわからない」

ラグビーのスタイルもシンプルにした。
・倒れたらすぐに起き上がる。
・アタックを素早くセットして速いテンポでボールを動かす。
・ボールを持った選手は低くしっかりした姿勢でコンタクトして足をかき、前に出る。
・いいブレイクダウンでボールを再獲得して、また速いテンポでアタックする。
・そして、さまざまな個性を持った全員がリンケージ（連動）する。
つまり、80分間を通して基本を徹底的に繰り返すスタイルを目指した。

飯沼が、その理由を解説する。

「早く立って、早くセットして、いいブレイクダウンを作って……と、難しいことをやらずに基礎を徹底したおかげで、練習中に上手くいかなくても『今のはここができていなかった』『じゃあ、ここから直そう』と、プロセスを踏むことができた。これを1年間続けたので、試合中に上手くいかないことがあっても、すぐに原点に立ち返ることができた。それが良かったですね」

5月に田中と入れ替わるように神鳥裕之が指導を始めると、飯沼たちに「凡事徹底《ぼんじてってい》」という言葉を伝えて背中を押した。「当たり前のことを、他のチームが当たり前にできないくらい徹底してやろう」という意味だ。

だから、走り込みもウェイトトレーニングも、春の練習はムチャクチャ厳しかった。

一方、前年に箸本たちを悩ませた新型コロナウイルスのパンデミックは、さらに感染者が増加して飯沼たちも感染対策に追われた。

感染を防ぐために寮内のコロナ対策ルールを作り、外出制限についてもルールを作った。ルールを破る人間が出ることを想定して罰則も設けた。

通常のキャプテンの仕事に加えて、今までやったことがない仕事に取り組まなければならず、それがストレスを増幅した。

「大学チームのキャプテンの気持ちは、キャプテンをやった人にしかわからないと思います。特に、明治のような、いろいろなプレッシャーのあるチームのキャプテンは。

これが社会人ならば、チームのなかに前にキャプテンを務めた経験者がいるし、海外のナームでキャプテンを経験した選手もいる。困ったり悩んだときは相談したり、助言を求めたりできるから楽なのですが、大学チームでは、キャプテンは1年限り。経験者がチームにいないから、ひとりでいろいろなことに対処しなければならないのです」

前任者の箸本や、その前の武井日向は、フォワードの花形選手だった。彼らはプレーで身体を張り、背中でチームを引っ張ることが可能だった。しかし、飯沼のポジションはスクラムハーフだ。フォワードが獲得したボールをバックスに供給し、常に接点に駆けつけて、ゲームを動かす。確かにゲームの進行を司るリーダー的なポジションではあるが、ポジション柄、背中でチームを引っ張るわけにもいかない。

どうやってチームを引っ張ればいいのか。

飯沼が出した結論は「言葉」だった。

ゲームのマネジメントやコントロールといった本来の役割でリーダーシップを発揮するのは当然だが、試合に向けた準備の段階から、より理論的に話すことを心がけた。

年度初めのスローガンを決めるときにも、言葉にこだわった。

毎日練習後に1時間程度、4年生でミーティングを持って話し合った。なかには「こんなに話す必要があるのか？」と疑問を呈する声もあったが、それでもミーティングを重ね、まずチームのコンセプトができあがった。

それが、「僕たちは、タレントがいない代わりに、勝つべくして勝ったと言われる代になろう」。そして、生まれたスローガンが「MEIJI PRIDE」だった。

言いやすくてチャンスでもピンチでも使え、聞けば心にスッと入り込んで、しかも誇りを持てる――飯沼たち4年生の思いが込もったスローガンだった。

飯沼を救ったグレイグ・レイドローのアドバイス

秋の対抗戦が始まると、明治は帝京に7対14と惜敗したが、それ以外は順調に白星を重ね、12月5日に早稲田との対戦を迎えた。

勝てば、前日に慶應を破って全勝優勝を遂げた帝京に続く2位になる。敗れれば3位になって、大学選手権を3回戦から戦わなければならない。

この試合に、明治は7対17と敗れた。

フォワードを相手に当て過ぎた戦術が敗因だった。

この頃、飯沼は、キャプテンである重圧から、少しプレーに悩みを抱えていた。

しかし、ちょっとした偶然から格好のアドバイスをもらって少し楽になる。

アドバイスしてくれたのは、元スコットランド代表キャプテンで、同じポジションのスクラムハーフ、ラグビー界のレジェンドと呼ばれるグレイグ・レイドローだ。リーグワン初年度の開幕を控えた、シャイニングアークス東京ベイ浦安の練習を見学に行ったときの出来事だった。

飯沼が言う。

「グレイグから『みんな、キャプテンらしく振る舞わねばとか、しゃべらなければということにとらわれて、プレーがおかしくなる。それは全員が通る道だ。そうではなくて、まず自分の準備をすること』と言われました。それを聞いて、けっこう救われた。だから、3回戦の天理戦では、自分のプレーを意識して、トライを獲ることもできました。考えてみれば、僕が1年のときのキャプテン、福田健太さんも同じポジションで、やはり早稲田に負けたときはあまり調子が良くなかった。キャプテンになると、自分のプレー以外のことも考えなければならないですからね」

同じ時期に、チームの転機となるような集まりも主催した。

4年生を全員集めて、寮の食堂で飲み会を行なったのだ。

「まだコロナ禍でしたけど、4年生全員で飲んで、心のうちをぶちまける、といった飲み会でした。そのなかでBチームのリーダーだった竹ノ内駿太《たけのうちしゅんた》が、児玉や雲山に『おまえら、試合に出ているんだから、ただプレーするだけじゃなくて、もっとチームのためにやれよ！』みたいな言葉をぶつけてくれた。最後のほうでは泣いてる奴も出て、けっこうまとまった感じになりました。駿太は、（試合形式の）アタック＆ディフェンスのときは僕のトイメンで、Aチームに合わせたようなぬるいプレーではなく、本気でプレッシャーをかけてきた。僕にとっては、他のチームと試合をするより嫌なくらいでした。でも、駿太や、バイスキャプテンの大石康太《おおいしこうた》が本当に真面目でしたから、僕もずいぶん助けられましたね」

12月18日。

大学選手権初戦となる3回戦の相手は、前年に箸本たちの代を準決勝で破り、そのまま優勝まで駆け上がった天理だった。

この試合、天理にペナルティゴールで先制された明治は、13分に飯沼がトライを挙げて逆転。そのまま順調にスコアを重ね、後半にペナルティトライを得た時点で24対3とリード。そこから天理の反撃で7点差まで詰め寄られたが、試合時間が残り7分となった「明治タイム」にペナルティゴールを追加して27対17で準々決勝へと勝ち上がった。

大学選手権・天理大学戦でトライを決める飯沼。前年の覇者・天理を20－15で破り、見事ファイナル進出を果たした（©産経新聞社）

そこで待っていたのが、5日の早明戦を制してシードされた早稲田だった。

飯沼は、この対戦を見据えて、5日に早稲田に敗れた夜、すでに今度対戦するときにはどうすればいいのか話し合いを始めていた。相手が勝利に酔いしれているときから、再戦への準備を始めたのである。

しかし、プレッシャーも強烈だった。

「天理戦も、相手は前回優勝チームだし、龍雅さんたちが敗れた相手。だから、かなりプレッシャーはあったのですが、しっかり勝った。早稲田に負けてから、全員がリンクしてクイックにアタックをセットする、自分たちの原点に立ち返ったことが良かった。でも、準々決勝の早稲田戦もプレッシャーはすごかった。僕自身もメッチャ、プレッシャーを受けていて、過去10年間に、早明両校が対抗戦と大学選手権で2回対戦したときに、2回連続で勝ったチームはない、というツイートが流れているのを見たり、弱気にならないように、『準々決勝ではオレが絶対に主人公』と思うようにしていましたが、ふっと気を抜くと、『オレはベスト8のキャプテンで終わるのか？』と葛藤したりした。

だから、神鳥さんと話し合って『自分たちを信じ切る』というテーマを設定しました。

そして、最後に勝つのは絶対にオレたちだ、と言い続けました。当時のインタビューでも、『自分たちが勝つと信じ切ったから勝てました』と言った記憶があります」

果たして再戦は接戦になった。

明治は、開始早々に6番フランカー木戸大士郎のトライで先制するが、20分に早稲田にトライを奪われて逆転を許すと、さらにもう1トライを献上して8対15で前半を終えた。

後半、明治がトライを返して、2点差に迫ったところで試合を決定づけるような場面が訪れた。

早稲田の10番スタンドオフの伊《い》藤《とう》大《だい》祐《すけ》が明治の防御ラインをきれいに突破。そこからパスをつないで9番の宮《みや》尾《お》昌典《まさのり》がラストパスを受けた——ところで懸命に防御に駆け戻った飯沼の姿が目に入ったのか、ボールを落としたのだ。

「あの場面は、全員が戻って追いかけていた。ラグビーは、そういう小さなところが一番大切なんです。ボールをこぼしたら、すぐにセービングするとか、走り込みもそうですけど、春からやってきたことが、みんなつながった試合でした」

これで息を吹き返した明治は、ラスト10分でトライを奪って再逆転。20対15でリベンジを果たして準決勝進出を決めたのである。

「練習のスタンダードの高さが、明治の最大の強みだと思います」

ところが――ここで浮かれないのが飯沼というキャプテンだった。

試合後に、チームメイトに「ここで気を抜いたら、絶対に先に行けないぞ！」と、しっかり釘を刺したのだ。

飯沼は、2年生のときから、上級生最後の試合となった敗戦の直後に、気がついたことをメモしていた。そこには、それこそ負けたチームはその晩から次に勝つための準備を始める、ということから、ピンチのときこそ絶対にハドルを組むとか、試合の大切なディーテイルがぎっしりと書き込まれていた。

果たして気を抜かなかった明治は、準決勝でも東海大を39対24と破って決勝戦へと名乗りを上げた。しかし、決勝戦では帝京に14対27と敗れて優勝には一歩届かなかった。

飯沼が言う。

「決勝の帝京戦は、実力で負けたと思っています。しいて言えば、キッキングゲームをしていれば良かったかなとは思いますが、真っ向勝負という明治のプライドを捨てるわけにはいかなかった。その点では、廣瀬雄也たちの決勝戦と同じでしたね。あの試合も、キックを使えば良かったゲームでしたから。

リーグワンのようなレベルでは、自陣から攻めても相手のディフェンスが堅いからトライには結びつかない。だから、キックが主体のゲームになる。もちろん、最後はトライを獲り切るアタックを持っているのですが、変に攻め過ぎない。それが、今の主流です。

でも、学生はそうではない。慶應ならタックルだし、明治ならアタック。それぞれにスタイルがある。特に、今季の明治は、どこからでも攻めるのが強みだったし、（帝京以外には）負けなかった。だから、キックを使ったゲームをあまりやらなかった。そういうゲームの進め方は前日にちょっと練習したくらいでできるものではないから、ああいうコンディションになったからといって、急に切り替えるのは難しかったでしょうね」

1シーズンを挟んで、ともに決勝戦まで勝ち進んだチームは、同じライバルに敗れて準優勝で終わった。どちらも、キックを有効に使っていたらあるいは……と思わせるような内容で。ならば、真っ向勝負にこだわるプライドは、これから再考すべきものなのだろうか。

飯沼の答えは、キックを使う使わないではなく、「伝統とプライドを背負って戦う気持ちを大切にせよ」だった。

こう言うのだ。

「明治は、とにかく練習のスタンダードが高い。それは、過去の先輩方が築いた伝統とプライドに裏打ちされている。オレたちはそれを背負って戦うんだ、という気持ちが、これからの明治のウィニングカルチャーを築いていくでしょう。

ちょっと雰囲気がだらけていたり、ミスに対してへらへらしたり、ボールを落としたあとでセービングをしないといった、当たり前のことをやらないと違和感を覚えるんですよ。それくらい練習で細かいことにこだわる。ラグビーが上手い人間が、ただ上手にラグビーをするだけではなく、組織として考えるし、チームとして細かいところまで考え続ける。しかも、そのスタンダードの高さが、AチームからDチームまで変わらない。試合のなかでの強みとは違いますが、僕は、この練習のスタンダードの高さが、明治の最大の強みだと思います」

キャプテンとして臨んだ大学4年のシーズンに、ストレスから吹き出物ができたキャプテンは、「当たり前のことを、当たり前にやり切る」ところに、勝者の文化を見出しているのである。

©浦安D－Rcks

PROFILE

飯沼蓮（いいぬま・れん）

2000年、山梨県出身。ポジションはスクラムハーフ（SH）。明大4年時にはキャプテンとして、大学選手権準優勝に貢献。卒業後はNTTコミュニケーションズ シャイニングアークス東京ベイ浦安に加入し、2022年7月に新たに誕生した浦安D－Rocksへ移籍。同年浦安D－Rocksの初代キャプテンに就任。

のしかかった「二度目対決」のジンクス
～石田吉平の「負の記憶」～

「なかなか明治の試合を見られなかった」

石田吉平は、横浜キヤノンイーグルスに入団して2年目となった今も、母校の試合を見るのにわだかまりを感じていた。

1学年下で、学生時代は八幡山でともにゲームプランを練り、シーズンを戦った廣瀬雄也や伊藤耕太郎が最上級生となった創部百周年のシーズンも、なかなか後輩たちのゲームを見ることができなかった。

久しぶりに紫紺のジャージーが躍動する姿を見る気になったのは、彼らが早稲田との「明早戦」に勝って大学選手権に進み、決勝へと着実に歩みを進めてからだった。

後輩たちの熱闘に思わず力が入って、しばし映像に見入った。

結果は、帝京の前に力及ばず、15対34。

その晩、石田は、「夢」にうなされた。

「試合に負けた。結果を出せなかった。そういう事実があって、そのうえで、自分がキャプテンで……悩んでいる。今まで生きてきたなかで一番……悔しいだけで終わらずに、すべて自分が悪いんじゃないか。そういう悪い考えをしている自分が夢に出てくる。

起きているときは、自分のなかでは気持ちの切り替えはできているつもりなんです。でも、明治の試合を見ると、そういうことを考えてしまう。それがそのまま夢になる。そういう夢を見ることが多かったから、なかなか明治の試合を見られなかった。素直に応援する気持ちにも、なれなかった。だけど、雄也たちが勝ち進むにつれて、最後のほうは応援していた。だから、決勝戦も見たのですが、そうしたら……」

また、夢を見たのだった。

「早明戦のジンクス」という見えない敵

夢を源流までさかのぼれば、一つの試合にたどり着く。

第59回大学選手権準々決勝。

このシーズンで二度目の対決となった早稲田との一戦は、石田が最後に紫紺に袖を通した試合となった。

12月の定期戦で勝ったチームは、二度目の対戦となる大学選手権ではここ10年間勝っていない――そんな「早明戦のジンクス」に、石田もまた翻弄された。

前年の飯沼蓮たちの代は、この明早戦――今回の取材で石田だけがきちんと「明」を先にして明早戦と言っていた――に7対17で敗れた。しかし、その晩から次へ向けてのミーティングを行ない、再戦に向けて決意を固めたのは、前項で述べたとおりだ。

もちろん、当時は3年生だった石田も、負けたチームが、敗れた瞬間から再戦でリベンジすべく準備を始めることは十二分にわかっていた。

だから、自分たちの代が12月4日に35対21で勝利を収めると、直後のロッカールームで選手たちを集めてこう言った。

「今日は勝ったけど、終わったわけじゃない」

対抗戦は、帝京が7戦全勝で首位となり、早稲田を破った明治が2位。早稲田は3位で、大学選手権では同じ山に入る。早稲田が途中でつまずかなければ、準々決勝で両者はふたたび対戦する。

石田が言う。

「明治としては、『ジンクス』という言葉に押されている部分が、だいぶあったと思います。何も気にしなければ普通に試合ができるんですが、その言葉を言われるだけでプレッシャーになる。ちょっとでも不安になったら負けだと思うので、気持ちの部分で強気になろうと思っていたのですが……正直に言えば、ちょっと僕がそうなってしまった。そんな言葉をはね飛ばすくらいの図太い心があったら良かったんですが、まだ未熟でした」

明治には、4日の対戦で10番を背負った伊藤が負傷で離脱し、準々決勝では、それまでジュニアチームでスクラムハーフとしてプレーしていた池戸将太郎に急遽10番を任せるというアクシデントもあった。4年生では秋の帝京戦から15番に定着し、フルバックとして卓越したパフォーマンスを見せた池戸だが、このときはまだAチームとBチームを行ったり来たりしているような状態で、公式戦で80分間通してゲームメイクするのは初めてだった。

準々決勝は、早稲田の先制トライで幕を開けたが、明治もすぐに反撃。バイスキャプテンのセンター齊藤誉哉《さいとうたかや》がトライを奪って同点に追いつく。2本のペナルティゴールで7対13とリードされた前半終了間際には、モールから2番松下潤一郎がトライを挙げ、廣瀬のコンバージョンで14対13と試合を折り返した。

後半は、早稲田が先にトライを奪って再逆転。そこから明治は早稲田陣に攻め込み、バックスでトライを狙いに行った。

しかし――。

そこで早稲田のスクラムハーフ宮尾昌典にパスをインターセプトされてトライを奪われ、その後はスクラムからペナルティトライを挙げて追撃したが、21対27で敗れた。

5シーズンぶりの、年越し前のシーズン終了となったのである。

100代目の主将に引き継がれた石田の意思

「4年生のシーズンを通して、僕自身、納得のいくパフォーマンスが一度もできなかった」と、石田は振り返る。

「何かに圧迫されているというか、何かに押しつぶされそうで、ずっと不安でした。キャプテンとしていろいろなことを考えて、このままでいいのだろうか、やろうとしていることはできているのだろうかと、ずっと考えるのですが、1年間ずっと正解がわからないままだった。

大学選手権準々決勝・早稲田大学戦で終了直前、石田がゴール前まで持ち込むも、早稲田のディフェンスに阻まれ、トライならず（©スポーツニッポン新聞社）

コーチや監督にも相談しましたが、とりあえず頑張れば結果が出るんじゃないかと考えて、僕にできるのはひたすら頑張ることしかなかった。でも、ケガもしたし、最終的に結果を出せずに終わったから、準々決勝で負けてシーズンが終わったときに、やり切ったという感覚はありませんでした。不完全燃焼というところまでも行っていない感じ……。

自分としては、どうすれば良かったのか。何が正解だったのか。正直、今でもずっと考えていて……。負けた理由も、誰のせいとかではなくて、自分のせい、みたいなところもあって、負けた傷というか、そういうものを一生背負って行こうとそのとき決めました。この思いを一生償いながら、ステップアップしていきたいと今は考えています」

そんな石田の気持ちを和らげたのは、廣瀬たちが「ONE MENT」というスローガンを掲げて、石田が作ろうとした「練習や普段の生活のような日常的な場で上級生と下級生が自然に話し合えるような「チーム」を目指していた、と伝えたときだった。

石田には、下級生の頃に、たとえば上級生から意見を求められても、尊敬している先輩に対しては意見を言いづらく、あるいは先輩への遠慮から、なかなか言いたいことを言えなかったという思いがあった。だから、自分がキャプテンになったときは、各学年のリーダーと積極的にコミュニケーションをとって、「面倒見のいいチーム」を作ろうと考えた。

チームの構成も、Aチームの主体は廣瀬たち3年生やその下の代が多く、4年生が下級生の面倒を見やすいようになっていた。コミュニケーションをとるのも、ミーティングのような改まった場で意見を言うように水を向けるより、「最近どう?」みたいな、かしこまらない形でのやりとりを重視した。

「何か気がついたことがあれば、わざわざミーティングを開いて集まるより、その場ですぐに意見を言える方がいいと思っていたので、『意見を言って』と言わなくても全員が思ったことを言える雰囲気を作れたら、と思っていました。

僕は口ベタなところもあるし、ミーティングとかで意見を言って引っ張るというより、みんなのなかに入っていって、みんなが僕に対して意見を言ってくれるタイプだったかもしれない。

だから、チーム内にストレスは少なかったと思いますが、いい意味でも悪い意味でも優し過ぎたのかな。チーム内の競争心が若干薄かった。

あとは、ちょっと考え過ぎてしまうところがあるので、もう少し他人に頼れば良かったかな。僕自身のコミュニケーション能力が不足しているのかもしれないけど、考え込み過ぎちゃって、とりあえず何かをしなくちゃいけないと思うあまり、ずっとグラウンドにいたり、ウェイト場にいたりしたこともあった。そういうところも良くなかったと今は思います」

「一番シンプルで、かつ心に響く言葉が『前へ』の二文字」

石田は、常翔学園高校3年生で7人制（セブンズ）日本代表に選ばれ、明治に入ってからも東京五輪出場を目指して、八幡山からセブンズの合宿に通った。

身長は167センチと小柄だが、切れのあるステップとスピードで、21年の五輪代表の座も勝ち取った。4年生では明治に戻り、15人制のウイングとして活躍したが、それほどの優れた能力を、キャプテンとしてチームが勝つために活用できなかったことに、今でも悔いを残している。

たとえば自分がボールを持って複数の相手を引きつけ、余った味方にパスをして走らせるか、あるいは味方にアタックの組み立てを任せて、自分が最後にボールを受けてトライに仕上げる「仕留め役」を務めるのか――さまざまなことを考え、そして、それを全部やろうとして、歯車が微妙に狂ってしまったのである。

監督2シーズン目だった神鳥裕之も、石田のそうした迷いや悩みを感じていた。

しかし、悩んだ末に、準々決勝に向けて「おまえらのほうが（早稲田より）ハングリーでなければダメだ！」と、シリアスに勝負を突き詰める方向で、学生たちにアプローチした。

けれども早稲田に敗れたことで、「帰りの車のなかで大声を出したくなるくらいの悔しい思いをした」という。

試合の結果に、ではなく、自ら採用したアプローチに対して。

1年以上の時間が経過してから、神鳥はこう振り返った。

「吉平たちの準々決勝は、僕に何ができただろうか。こういう持っていき方で良かったんだろうかと、いろいろ悩みました。今から思えば、『おまえら、もっと自信を持ってやれよ！』みたいなアプローチで良かったのではないか。問題をあまり突き詰めて考え過ぎるとメンタルに影響が出る。だから、どこかで俯瞰して、『結果がどうなってもいいよ、別に生命までとられるわけじゃなし』という気持ちを持たないといけないときが必ずある。そう考えると、僕が実際にとったアプローチは、けっこう〝ありきたり〟でしたね」

神鳥の悩みは、翌年の百周年のシーズンで廣瀬たちの力を引き出すのに活用された。

悔やみ、悩んだ甲斐があったのである。

では、石田の今はどうか。

実は、少しずつ心の持ちように変化が現れている。

石田は毎年、その1年のテーマとなる言葉を決めている。

キャプテンを務めた22年の言葉は「精進」だった。

それが、社会人1年目の23年は「なんとかなる」。肩の力が抜けたように、テーマとなる言葉が柔らかくなり、受け入れる幅が広がった。

そして、ヤブンズ日本代表として7月26日に開幕するパリ五輪に臨む24年は「Keep Going」に決めた。

石田が言う。

「なんか『前へ』とほぼいっしょなんですが（笑）、とりあえず前に進んで、今年は（五輪で）結果を出そうと。去年は、あまり満足のいく結果を残せなかったのですが、開き直って1年過ごしたら楽しかった。五輪出場という目標も達成できました。だから、今年は勝負の年。結果を求めてやっていこうという感じで決めました」

では、「Keep Going」の元ネタとなった「前へ」を石田はどうとらえているのか。

「人生、何かにチャレンジするときには、絶対に足がすくんじゃうことがある。そういうときに、勇気をくれる言葉は、僕にとっては『頑張れ』ではない。一番シンプルで、かつ心に響く言葉が『前へ』の二文字。自分としても、気持ちがグッと入るんです」

だから、悪夢を振り捨てて、前に進めるのだ。

©横浜キヤノンイーグルス

PROFILE

石田吉平（いしだ・きっぺい）

2000年、兵庫県出身。ポジションはウィング（WTB）。2019年、高校生ながら「ワールドラグビー・セブンズシリーズ」でセブンズの日本代表に選ばれ、2021年には東京五輪に大学生として唯一出場。明大4年時に主将に就任し、大学選手権はベスト8。大学卒業後は横浜キヤノンイーグルスに加入。セブンズ日本代表として2024年7月26日に開幕するパリ五輪に臨む。

第4章　次の「100年」へ

創部百周年のシーズンに、監督の神鳥裕之とキャプテンの廣瀬雄也が目指した「明治らしさ」への回帰。それは、大ざっぱにまとめれば、シンプルなストレートランをベースに相手防御を集め、その外側にスペースを作り出す、新しい「前へ」とでも言うべきスタイルになって結実した。

「また明治が100年続くように」と廣瀬が決勝戦後の記者会見で言ったように、百周年を盛大に祝う優勝という果実こそ得られなかったが、将来、そして「次の100年」へと向かう一つの方向性を示したシーズンだった。

明治大学ラグビー部は、大正時代から続いた100年で、キャプテンを中心にクラブを運営し、それを、北島忠治を筆頭に監督やコーチがサポートして、強豪と呼ばれるのにふさわしい成績を残した。

だが、その伝統が、学生であるキャプテンに重たい責任を負わせ、彼らを悩ませてきたことも、前章で紹介した直近5代のキャプテンたちの証言から見てとれる。

重い責任は、彼らに人間としての大きな成長を促す一方で、運営に行き詰まれば、グラウンドでのパフォーマンスが低下して、チームの成績は不安定になる。そうした動揺がクラブのなかに広がり、寮に象徴される日常生活の規律にも影響を及ぼせば、丹羽政彦が直面したような

「カオス（混沌）」さえ、クラブのなかに現出する危険性をはらんでいる。

監督やコーチの「介入」と学生たちの「自治」のバランスという問題は、ラグビーがどんどん進化して、多くの人手と予算を投じなければトップレベルを維持できない現在の状況と相まって、これからの100年を左右しかねないデリケートな問題だ。

大学ラグビーを取り巻く状況も、大きな変化を迫られている。

24年1月に、二度目の日本代表ヘッドコーチに就任したエディ・ジョーンズは、日本代表の競技レベルを押し上げるためには、大学というカテゴリーでの強化が重要であると発言して、現在の大学ラグビーに携わる指導者たちに、期待と不安が入り交じった思いをさせている。いや、大学ラグビーの現状を変えなければならないという声は、他ならぬ大学の指導者たちからも、よく聞かれる。特に、秋のレギュラーシーズンが7試合で、残る公式戦はノックアウト方式の全国大学選手権という、最大でも11試合しか経験できない現行のフォーマットが、大学ラグビーの進化を妨げているという指摘は多い。

明治でも、ヘッドコーチの伊藤宏明が「負け惜しみかもしれないけど」と前置きしてから、こう言った。

「今年のチームは試合をすればするほど強くなった。だから、決勝のような試合をもう2、3

試合経験していれば、明治は帝京に勝てたんじゃないかな（笑）。大学生は試合の絶対数が少ないので仕方がないのですが、でも、この試合数の少なさが大学生の成長を妨げているように思います」

こうした問題が山積し、大きな構造の変化さえ起こるかもしれない未来に対して、明治のラグビー部は、何を拠り所に立ち向かえばいいのか。

この章では、明治ＯＢでありながら、現在はチームから離れ、客観的な立場から母校を見つめているＯＢたちの証言をご紹介しよう。

「人として成長できる明治を目指せ」

～永友洋司　横浜キヤノンイーグルスGM～

潰えた3連覇の夢――「あのときは、ラグビーを辞めようとまで思いました」

大学選手権で3連覇以上を達成したチームは、過去に、1982年度から84年度にかけて3連覇を達成した同志社大学と、2009年度から17年度にかけて9連覇を達成した帝京大学、そして、21年度から23年度にかけて3連覇を遂げた同じ帝京の、3例しかない。明治も、ライバルの早稲田大学も、連覇まではたどり着くが、「その先」の景色はまだ見ていない。

そんな歴史のなかで、永友洋司《ながともようじ》は、もっとも3連覇に近いところにいた、92年度の明治のキャプテンだった。

しかし、1月2日の準決勝で法政大学に敗れて3連覇の夢は潰えた。

「あのときのことは今でも覚えています。それなりにいいメンバーが残っていたし、3連覇を

大学3年時の大学選手権準決勝、対関東学院大学戦。
縦横無尽なプレーで相手を翻弄。25－4で破り、決勝でも大東文化大学に
19－3で勝利し、大学選手権連覇を達成した（©産経新聞社）

期待されていたけど、開始早々に元木（由紀雄）が痛んでしまった。それでも最後までグラウンドに立ち続けてくれたあいつの姿は、今でも鮮明に覚えています。

あのときは、悔しくて悔しくてしょうがなかったし、こんなに勝つことを求められるのなら、ラグビーを辞めようとまで思いました。もう絶対にやりたくないって。

でも、今振り返ると、あのときの経験があって良かったと思います。いろいろなことに気づかせてもらったし、あの負けがあったから今がある。

だから、百周年という年になったキャプテンの廣瀬君や神鳥監督は本当に大変だったと思いますよ。でも、きっと彼らをさらに成長

させるシーズンだったと言えるでしょうね」

永友はその後、サントリーに入社し、キャプテンだった95年度に三洋電機（当時＝現・埼玉パナソニックワイルドナイツ）と引き分けて初優勝を遂げ、トライ数で上回って出場した日本選手権では、明治を下して「日本一」を達成した。その後、キャノンに移籍して監督を務めたあと、現職の横浜キヤノンイーグルスGMに就いた。

今回は、大学生のラグビー部員を受け入れる側の立場から明治の現状と、将来に向けた課題を訊いた。

紫紺のジャージーを着る先に何を見据えるか

「少し厳しい言い方をすると……」と、永友は、問題点を指摘するところから話し始めた。

「社会人になってから伸びていないというか、明治らしい選手が少なくなってきた。それが端的に現れているのが、日本代表における明治出身の選手の少なさでしょう。23年のワールドカップ代表で言えば、明治出身者はスクラムハーフの福田健太だけだった。日本代表のOBも現役選手も少ないということは、成長が足りないというか、何か欠けているものがあるのではないか。そこを見つめる必要があるでしょうね。

これはOBとしての意見ですが、明治の選手は、一人ひとりのポテンシャルが非常に高い。でも、日本代表が、組織として世界と戦うラグビーを追求するなかで、持っているポテンシャルをどう組織的な戦いに結びつけるか。そこで、少しアジャストできていないのかもしれない。今は帝京の卒業生がジャパンに多くいますが、彼らは個のポテンシャルに加えて、組織へのアジャストという部分でも卓越していますからね。

それでも、日本が『ベスト8から先』を目指すときには、最後は個の力でトライを獲ったり、局面を打開することが求められてくる。そのときには、もしかすると明治の選手たちが持っているポテンシャルが求められるようになるかもしれない。そこを選手たちが感じ取っていくことも大事だと思います」

では、将来的に、明治は「個のポテンシャル」といった部分を重視しながら、選手たちを成長させるような方向を目指せばいいのだろうか。

「我々のときは、選手が指導者に新しい知識を求めることが少なかったのですが、今はすごく求めてくる。彼ら自身も勉強しています。だから、これからの時代はそれに応えられるような教育・指導が明治でも求められる。伝統校というだけでは、いつまでも良い選手を集めることは難しくなるでしょう。そういう意味では、丹羽監督から始まって、田中（澄憲）監督、神鳥監督と、最先端のコーチングを落とし込める仕組みができたことは良かったと思います。

ただ、我々のイーグルスもそうですが、今のトップチームは、どれだけ数多くの選手を日本代表に送り出すことができるかを常に考えています。だから、明治も、将来的なことを踏まえて、その部分を考えていくことが大事になってくるでしょうね。

そのためにも、何を目指すかということが、非常に大事なポイントだと思います。

僕は明治の監督でもないし、大学職員でも、OB会長でもないですが、都内の一等地にグラウンドがある環境が大きく変わることはたぶんないと思うので、明治を目指す選手たちは将来も非常に多いでしょう。でも、その先に何があるか。選手たちはその先に何を求めているのか。今の子たちは、明治に入ればどこに就職できるか、日本代表につながるか、そういうことをすごく考えているし、望むところが非常に多くなっている。神鳥監督は社会人の経験が長かったので、そういうことをいち早くキャッチしながら上手くやっていますが、社会人ラグビーにプロ化の波が押し寄せている今、やがてプロ志向の学生たちも入ってくるでしょう。現実に、すでに大学から直接プロ契約でチームに入る選手も出てきています。でも、だからこそ、今までやってきた教育を絶対に見失わずにやらなければいけない。今やっていることをおろそかにしないことが、すごく大事になってくる。

明治大学にくれば、こういう人間になれますというストーリーを描ける時代にしないといけないのではないかと、僕は感じているのです」

「スポーツ以前に一人の人間として成長しないとプロとしては通用しない」

永友がGMを務めるイーグルスには、現役南アフリカ代表で、ワールドカップでも活躍したファフ・デクラークやジェシー・クリエルを筆頭に、何名ものプロ契約の選手がいる。しかし、彼らと身近に接する永友には、彼らが単にラグビーが上手いだけの人間ではないことがよくわかっている。だからこそ、プロフェッショナルとなる以前の、人間としての力が必要だと力説する。

そして、こう続けた。

「僕ら、学生たちを受け入れる側から見ると、学生のプロ志向は、やっぱり非常に強くなっています。でも、そもそも『プロって何？』というところを、しっかりと理解させせないといけない。プロの世界の厳しさを、学生が、まだまだわかっていないんです。

これはラグビーだけじゃないですが、スポーツ以前に一人の人間として成長しないとプロとしては通用しない。プロ選手は当たり前のことをしっかりと当たり前にできるし、ラグビーの評価も仕事の評価も高い選手はやっぱり素晴らしい選手なんです。海外を見ても一流選手はラグビーだけじゃない。人間としても非常に素晴らしい。成熟しています。

だから、これから本当にプロ化の波が押し寄せて、選手たちが、明治でラグビーをやったらプロになれるという考えになってしまうと、非常に危険だなと思います。

プロになってもいい。プロの道を諦めるなというわけではないけど、それ以前に一人の人間として成長できるのが明治だよ、と胸を張って言える時代にしていかないといけない。

学生たちは、明治大学に入ればここに行けるとか、日本代表につながるとか考えて大学を選ぶでしょう。当然ですよね、強いチームを見ていますから。それはそれで一つあると思うんですけど、明治に行けばこういった人間になれるという形で、ラグビーで成功できるような人たちを輩出する環境づくり。僕ら、社会人で受け入れる側から見ると、今はもう、そういうものが求められる時代に突入していると、すごく思います」

北島監督からかけられた言葉――「みんながついて行くキャプテンになれ」

永友が、母校のラグビー部に、学生たちを「人間として成長させる」役割を期待するのには、当然理由がある。永友自身もそのなかで成長するきっかけをもらったからだ。

それも、キャプテンに就任する際に、北島から直接言葉をかけられて。

以下は、その回想だ。

「僕が4年生でキャプテンになるとき、北島先生から直接言葉をかけていただきました。

僕自身は1年生からレギュラーだったわけではなく、『チョコチョコし過ぎだ』と先生に言われていました。当時の4年生に中田雄一さんというスクラムハーフがいて、攻守にガムシャラに前に突っ込んでいくようなプレースタイルが持ち味でしたが、先生からも『そういうラグビーをしなくちゃダメだ』と言われました。それを見習って、僕も練習中からガムシャラにやるようにした。そうすると、相手にぶつかって気づくことがすごくあって、いろいろなことを学べました。

たぶん先生も、僕が1年生の頃の試合に出られなかった悔しさや、人一倍練習したことを、ご覧になっていたのかもしれませんね。4年生でキャプテンに推薦されたときに先生から、僕の身体が小さいからかもしれませんが、『みんながついて行くキャプテンになれ。自分という人間性でしっかり引っ張っていきなさい』と、言われたのです。人間性ということをすごく強調されていたのが、今でも心に残っています。

そして、僕は、その言葉を『僕らしくやっていきなさい』ということだと受け止めて、今も心がけています。たとえば、立場がこうなったから、それらしくこうしよう……というふうにはあまり考えなくて、もちろんいろいろなことを勉強はしますし、人がやっていることを自分なりに吸収しますけれども、根っこにある自分らしさは、大切にしようと考えています」

だから、「前へ」という言葉に強いこだわりと愛着を抱いている。

それもノスタルジックな意味ではなく、未来に向けて社会を生き抜くためのヒントを与えるキーワードとして。

こう言うのだ。

「『前へ』というのは、北島先生がおっしゃったとおり、まっすぐということです。すべてに対してまっすぐというのは、相手に対してもそうだと思います。まっすぐというのはぶつかることではなくて、相手に対しても、味方に対しても、身近な人に対しても、自分の気持ちをまっすぐ伝えたり、その人たちをまっすぐ受け止めたり、相手に対して失礼のないことをしっかりとやっていくこと。

僕は『前へ』を、ずっとそういうふうに受け止めながら生きています。

だから、この言葉はたとえ100年後でも絶対に必要。今までは会社に守ってもらいながら生きていける時代でしたけど、これからは、自分で生き抜かなければいけない時代になるでしょう。もしかしたら、コーチングにAIが導入される時代がくるかもしれない。

でも、プレーするのは選手たちです。そういう時代になっても、現役を終えたあとに、自分たちがどういうふうに生きていくのか。僕は、すべての学生たちが、ラグビーを終えたあとにも、輝かしい次の人生を生き抜いてほしいと思う。今は本当に厳しい時代ですが、そういうときだからこそ、『前へ』という言葉はすごく大事な言葉だと思っているのです」

これが、大学に入った当初、「『前へ』はモールを押すことだと思っていた」と回想する永友の、未来を担う後輩たちに向けたメッセージである。

八幡山で築かれた100年の歴史は、次の100年を育むための豊潤な土壌を醸成して、新たな歴史の担い手となる学生たちを待っているのだ。

©横浜キヤノンイーグルス

PROFILE

永友洋司（ながとも・ようじ）

1971年、宮崎県出身。ポジションはスクラムハーフ（SH）。1年次から試合に出場し、対抗戦3連覇、大学選手権連覇に貢献。4年次には主将に就任し、大学選手権はベスト4。大学卒業後はサントリーに入社。1993年、エディンバラで開催された第1回ラグビーワールドカップセブンズ日本代表に選ばれる。1995年からサントリーでも主将を務め、サントリーの黄金時代を築く活躍を見せる。2003年から2006年までサントリーサンゴリアス、2012年から2017年までキャノンイーグルスの監督を務める。2017年9月、横浜キヤノンイーグルのGMに就任。日本代表キャップ8。

「目先の1分1秒を、明治のために！」

～元木由記雄　京都産業大学ラグビー部GM～

早稲田に圧勝したことで生まれた驕り

「ベストゲームの明治と受けてしまった京産大」

それが、24年1月2日に創部百周年のシーズンに優勝を目指す母校と大学選手権準決勝で対戦し、30対52と敗れた京産大GM元木由記雄の総括だ。

「明治は本当に実力のあるチームで、いい選手がたくさんいる。チームがまとまれば、すごい力を発揮することは重々理解していました。ただ、『いい勝負はできるんじゃないか』という思いで臨んでしまった。それがチームの驕りとなったのではないか。いい勝負ができるというマインドより、格上にいかにチャレンジしてプレッシャーをかけ、明治の良さを消す――そういうマインドで行くべきだったのではないかと、今はものすごく反省しています」

ポイントは準々決勝だった。

明治が筑波大学に快勝したその日、京産大は早稲田と対戦。65対28と圧勝した。

劇的な勝利だった。

しかし、あまりにも劇的であったために、チームのなかに「準決勝もいけるんじゃないか」という思いが生まれた。周囲からも「京産大のほうが強いんじゃないか」という声が聞こえてくる。学生たちは口に出して言わなかったが、GMは敏感に空気を察知した。

関西大学ラグビーAリーグ最終戦で、終了直前のコンバージョンで23対22と際どく勝利を収めた天理大学戦にも、早稲田戦にも、自分たちはチャレンジャーとして臨み、そして勝利したのではなかったか。そんな思いを抱きながらも、大勝して準決勝に進んだ学生たちに、元木は「違うぞ」とは言えなかった。

それは、武井日向たちの代のとき、当時監督だった田中澄憲が、選手たちに自信を持ったまま決勝戦に臨ませるか、それとも細かい修正を授けるか迷った気持ちと、非常に似通った心理状態だったのかもしれない。

今、元木は言う。

「こればかりは終わってみないとわからないじゃないですか。あのまま明治に勝ったら、言わなくて正解だったとなる（笑）。ああいう結果になったから、何が悪かったか考えてそう思っているだけかもしれない。これも（チームとしての）経験というか、こういうことを積み重ねて壁を乗り越えていくのかなと思います」

元木から見た母校・明治の現在

元木には、明治に対して強い思いと愛着がある。

自身が4年生でキャプテンとなったシーズンは、「24時間ラグビーのことしか考えなかった」。体重も、シーズン終了後に測ったらシーズン前より10キロ落ちていた。厳しい練習を率先して提案し、取り組んだ。

「明治は、僕が入った年から2連覇していたんですけど、永友さんのときに法政に負けた（前項参照）。悔しさと、負けたことが信じられないような気持ちだった。4年生のときは『もう、この借りを返す以外にない』と思った。本当にキツい練習をしたけど、みんなついてきてくれた。同級生も下級生もいい奴ばかりだったから、この仲間といっしょに勝ちたい。明治を勝たせたい。それ以外は考えなかった。よくみんなであそこまで勝つことに対して力を合わせることが

大学4年時の大学選手権2回戦の対大東文化大学で突進する元木由記雄。キャプテンとしてチームを牽引し、決勝では前年準決勝で敗れた法政大学に41-12で快勝。見事リベンジを果たし、大学選手権優勝を成し遂げた（©産経新聞社）

できたなと、今にして思います。全員が同じレベルで勝つことだけを考えているようなチームだったので、そこがすごく良かった。明治に行って本当に大正解だったし。明治を勧めてくれた大阪工大高校（現・常翔学園）の荒川博司《あらかわひろし》先生（故人）には感謝しています」

そんな日々を過ごして大学の王座を奪還するや、入社した神戸製鋼では日本選手権7連覇達成時のメンバーにルーキーで名を連ね、一時の低迷のあとには復活優勝の原動力となった。03年度には、そのシーズンから発足したジャパンラグビートップリーグでチームを初優勝に導くとともに初代のリーグMVPに選ばれた。

日本代表キャップは79。13年に小野澤宏時《おのざわひろとき》に抜かれるまで史上最多であり、ワールドカップ代表にも、91年大会から03年大会まで4大会連続で選ばれた。

高校時代から注目された才能を見事に明治で開花させ、八幡山から世界の舞台に飛び出して活躍したレジェンドなのである。

そんな元木の目に、現在の母校は「波がある」と映った。

「いいときもあれば悪いときもある。ゲームのなかでもいい時間帯と良くない時間帯がある。そういったところに、隙があるんじゃないかと思っていました」

試合前のスカウティング（分析）でも、システマティックに戦う早稲田は分析しやすかったが、一人ひとりがフリーに動きながらアタックしてくる明治は的を絞りづらかった。アタックがハマれば爆発的な力を発揮するが、もしハマらなければ……「隙」ができる！

しかし、準決勝当日は「すごくいい明治」だった。

「あの早稲田戦があったことで、明治は危機感を持って集中しないと負けるという気持ちだったと思う。京産大は、どちらかというと『いけるんじゃないか』みたいな気持ちで、立場が逆転してしまった」

そのギャップが22点差に帰結したと、今の元木は反省しているのだ。

元木は、13年にプレーヤーとしてもチームスタッフとしても長く関わった神戸製鋼を離れて京産大のコーチに就任。ヘッドコーチを経て20年に現職に就いた。

伝統的に練習が厳しいことで知られ、スクラムとディフェンスにこだわりを持つチームに、自身が育んできた勝利への強い意志を持ち込み、京産大は21年度から3シーズン連続で大学選手権ベスト4と着実にステップアップした。ただ、通算で10回準決勝の舞台を経験しながら、ファイナリストになったことはまだ一度もない。監督の廣瀬《ひろせ》佳司《けいじ》は「この場に立ち続けるしかない」と記者会見で語ったが、今のところは、1月2日が壁になっている。

元木も、「常にベスト4に居続けたい」と言って、こう続けた。

「初めての優勝というのは、いろいろな偶然が重なって起こることがある。年々勢力図が変わるなかで、そういうチャンスをものにするためにも、準決勝の場に立ち続けたい」

そのために元木がこだわるのが「鍛錬」だ。

「学生が聞いたら『ええ〜!』と思うだろうし、単なる根性論に聞こえるかもしれませんが(笑)、身体とメンタルを鍛えて、ブレない気持ちを持つには、常日頃からゲームと同じ気持ちで日々の練習に取り組むことがすごく大事なんです。

練習で試合よりもキツいシチュエーションを作る。一度グラウンドに入ったら、出るまでゲームと同じ気持ちで過ごす。選手にはキツいと思いますが、我々はそういったことをやらないと、明治や早稲田、帝京といった関東のチームには勝てないし、関西でも勝てなくなる。試合のときだけ集中するのは基本的に無理だから、日頃からそういったことを積み重ねて試合に臨む。ある意味、試合は練習の答え合わせみたいなもんなんですよ。普段練習したことしか、出せないですからね」

「明治はやっぱり常勝チームであって、優勝しなくちゃいけない」

実は、元木と同じようなことを明治の監督、神鳥裕之も言っている。

こう言うのだ。

「明治は当然、優勝を求められ、期待されるチームである。とはいえ、現状は、我々はチャレンジャー。これだけ群雄割拠というか、一つ上のステージに帝京がいる状況では、常に優勝し続けることは難しい。そのとき、チームが常勝を目指すための一つのラインとして、最低限、準決勝の舞台には毎年必ず立ち続ける。そこまでチームの存在感を示しておけば、あとは天候とかコンディションによっても力関係は変わることがある。そのためにも、常に際どい試合をできるポジションにいたい。トップ4に入り続けることは常勝チームであるための最低条件ですが、このレベルにいないと、経験値を高められるような試合も経験できない。学生には言いませんが、指導者としては、常にここに居続けることで優勝のチャンスをうかがって、その上で優勝を使命として戦うつもりでいます」

大学ラグビーの現状を、願望を排除してリアルに見つめている指導者同士が、「ベスト4に居続ける」ことに、こだわりを見せる。客観的に見ても、それはおそらく正しい現状認識のように思える。

しかし、こと明治に関しては、元木は違うことを言った。

「明治はベスト4じゃなくて、常に決勝にいないとダメでしょ」

そして、こう続けた。

「明治はやっぱり常勝チームであって、優勝しなくちゃいけないと思うんです。常に優勝に絡む。日本のラグビーを引っ張る。日本代表にいい選手を輩出する。そういった役割がある。しかも、応援する人がすごくたくさんいて、愛されている。試合を通してそういう人たちの気持ちを揺さぶるようなメッセージを出していかないといけないと思います。

もちろん、ずっと常勝チームでいるのは難しいし、長い歴史のなかでは勝てない時代が絶対にくる。神戸製鋼もそうでした。でも、そのときにどうやってもう一度復活するかがすごく大事で、時間はかかったけど、明治も復活して優勝した。今回も決勝に残った。そういったことが、未来につながると思う。

明治は日本のラグビー界をリードしてきた素晴らしいチームなんです。常に優勝を狙えるチームであるし、そういう歴史がある。『前へ』のような文化もある。スタッフも選手も、常日頃から意識してそれを引き継ぎ、もっといいものにする。いかに今あるものの価値を高めて、後輩たちにつなげていくか。自分が在籍しているときに、チームをより良くして未来につなげることが使命じゃないですか、明治のラグビー部に入った人間の。

でもね、明治は、勝つことだけがすべてじゃないとも思う。単に勝てばいいというのは違うような気がするし、魅力のあるチームにならないと意味がない。たとえ優勝できなくても、明治で学ぶことがたくさんあって人間的に成長できた、というのもゴールだと思う。本当に、魅力のあるチームなんです。

その魅力を引き継ぐためには、目の前の1分1秒を明治のために力を出していくこと。未来は、その積み重ねでしかないと思う。先のことはわからないけど、それが積み重なれば、100年先も素晴らしい未来が待っているんじゃないですか」

「明治というチームの根底にある揺るぎない文化」

元木は「前へ」という言葉を、「行き詰まったときに一歩前に出ろ、ということだと思う。壁があったときに、一歩前に出たら開けるというイメージ」と、とらえているが、その解釈よりも、この言葉があることで、明治に「軸ができる」ことの重要性を語る。

「明治に、この言葉があったことは大きなプラス。『前へ』という言葉が、そもそも明治ですから。前に出るために何が必要なのか。この言葉を軸に、どうチームを組み立てていくか。そういうことを考えられる。それが、チームの根底にある揺るぎない文化ですね。やっぱり軸がないとチームは作りにくいですからね」

「軸がないとチームは作りにくい」と語るところに、元木が京産大にきちんとした軸を据えて

「ブレない」チームの文化を築き、いつかベスト4の壁を突破してさらなる「高み」へと学生たちを導こうとする意欲が見て取れる。

では、元木は「鍛錬」をチームの軸に据えるのだろうか？

そう問いかけると、笑いながら否定した。

「それはスタッフがそう思っていたらいいだけの話です（笑）。ただ闇雲にやるとか、そういった話ではない。正しく鍛える。正しいコーチング。身体を鍛えながら、いろいろなものが進歩するなかで、それを正確にやる。正確にやるなかで、しっかり鍛えていく。

今のラグビーは、選手たちでやるには情報量が多過ぎるし、複雑になり過ぎている。だから、理想を言えば、選手とスタッフが同じ大人としてしっかり話ができて、方向性をいっしょに作って行く。指導するのはこっちですけど、その意図だとか、どういうものを作っていきたいのか、というのは学生も感じなければならないし、いっしょに作っていかなければならない。そういったことが、すごく大事じゃないですかね。僕たちは、どちらかというとサポート側というか、いろいろ準備はするけど、実際にやるのは選手たちですから。

ただ、選手は、楽な方に流れるときもあるので、そういったことは修正しないといけない。なんか違うと思ったら、『違う』と言わなければならない。大学生はまだ成長段階にいるので、そういった判断を間違えると上手くいかないと思う。

でも、楽しいですよ。入学したときに、『この子はレギュラーになれないかな』と思うような子が、卒業するときにはリーグワンに行くレベルになる。そういうのも嬉しいし、試合に出られない4年生が、試合に出る選手たちのためにチームに貢献する姿を見ていると、確かにラグビーが上手くなるのが一番大事だし、嬉しいんですけど、人間的に成長していく姿を見るのも嬉しいいし、楽しいかな。特に学生は社会に出る前の段階なので、人間的に成長して社会に出てほしい気持ちは強いですね。

人間は、どんなきっかけで成長するかわからないじゃないですか。だから、できるだけ彼らを見て、ちょっと取り組み方が変わったときに、一言声をかけてあげる。人によってはそれで成長する。変わるタイミングは人によって違うし、変わらない子もなかにはいますが、できる限り成長できるきっかけとか、そういった面でもサポートしていきたい。まだ僕は全然できていないと思いますけど、そういう思いがコーチとしてはすごく大切なので」

母校への熱い思いを内に秘めながらも、元木は今、京都の地で学生たちに、厳しくも愛情に満ちた態度で接し、さらなる高みへと彼らを導こうとしている。

最後に、田中が言った「元木さんを10年くらい北島先生のような監督にして……」という言葉をぶつけて、反応を探ってみた。

大笑いして否定したあとで、元木はこう言った。

「僕は、自分が今いるところでベストを尽くす以外に考えていませんし、自分がいるところをいいチームにしたい。求めてもらえるところで、自分の力を100%出して、良くしていきたいという気持ちしかないんですよ。

京産大は、本当に大学がラグビー部をサポートしてくれるので感謝しかないんです。だから、おこがましいですけど、チームを良くすることで、大学とか、日頃サポートしてくれている人に恩返しをしたい。今は、そういう気持ちしかありません」

やはり元木は、「目の前の1分1秒」に集中力のすべてを注ぐ勝負師なのであった。

2024年1月2日の大学選手権準決勝後、
相手チームの監督であり、高校・大学の後輩でもある
神鳥裕之監督と(撮影・永田洋光)

PROFILE

元木由記雄(もとき・ゆきお)

1971年、大阪府出身。現役時代のポジションはセンター(CTB)。1年次から試合に出場し、4年時には主将に就任。在学中は3度の大学選手権優勝に貢献した。大学卒業後は神戸製鋼に入社し、日本選手権7連覇に貢献。1991年から4大会連続でワールドカップ日本代表に選出され、代表キャップは79。2003年からスタートしたトップリーグでは、神戸製鋼コベルコスティーラーズを優勝に導き、初代MVPを受賞。2013年に京都産業大学のバックスコーチ、2015年には同大のヘッドコーチ、2020年からは同大のGMを務める。

「次の100年」への問題提起
～砂村光信　元23歳以下日本代表監督～

雷による中断があり、雪のヴェールに覆われた決勝戦で、敗れた廣瀬雄也たちのチームには温かい声援が送られた。

しかし、「記憶に残る」劇的な勝負を戦ったとはいえ、負けは負けだ。

この決勝戦で大学ラグビーそのものが終了するならともかく、4月になればまた新入生が入り、新しいシーズンがスタートする。

その最終到達地点を優勝に設定するならば、当然、決勝戦の良かったところばかりではなく、敗因となった部分にも目を向ける必要がある。

第3章では、飯沼蓮が上級生たちが負けてシーズンを終えるたびに、気がついたことをメモしたエピソードを紹介したが、その結果、飯沼は「チームが強くなるためには、絶対に負けは必要」という認識に到達している。

その伝でいけば、来たるべき24年度のシーズンに臨む新チームも、この決勝戦から学ぶ必要がある。

果たして何が、１０１年目のシーズンへの教訓となるのか。

スクラム、ラインアウトがとれないと、明治のラグビーは成り立たない

77年に入学し、１年で優勝、２年で準優勝、３年で優勝、４年で準優勝と、すべての学年でチームがファイナリストとなった明治の黄金時代にスタンドオフを務めた砂村光信《すなむらみつのぶ》は、卒業後はリコーに進み、現役生活を続けたあと、英国勤務を経て23歳以下日本代表監督などを歴任した。現在はスポーツニッポン紙のコラム、「視点」にさまざまなカテゴリーのゲームの戦評を寄せている。ＮＨＫの解説者としてもマイクの前に座る。

1月13日も、国立競技場の記者席で試合を見つめた砂村は、まず修正すべき点に、セットプレー、特にスクラムを挙げた。

「明治は伝統的にフォワードのキャプテンが多いのですが、バックスの選手がキャプテンなやったときは、必ずバックスにいい選手が揃っているんですよ。当然、バックスでも点を取ろう

とするし、フォワードだけに頼らないところがある。

今日も、あの悪天候のなかでよくボールを回して、バックスで2トライを獲りました。点の取り方がわかっているので、そこは成長したと思います。

ただ、やっぱりスクラム、ラインアウトがとれないと、明治のラグビーは成り立たないんだな、と思いました。特にスクラム、スクラムを押されてしまうと、見事に精神的に落ち込んでしまう。明治にとってスクラムは絶対的で、相手に勝たないといけないと思っている。それが利点でもあり欠点でもあるのですが、帝京ボールのスクラムで、明治は2回反則を取られています。それが帝京のスクラムの強さ。帝京に得点するチャンスを2回も与えてしまった。明治からすると、あそこを乗り越えないと、と思いました」

そして、自身が3年生で出場した79年度、4年生で出場した80年度と2シーズン続けての対戦となった同志社大学との決勝戦に触れながら、もう一つの課題を指摘した。

「明治が、トライにこだわるのは、学生スポーツだからいいのかなとは思うけど、僕が3年のときは同志社に二つのペナルティゴールで6対3で勝って、4年のときは6対11で負けた。で、4年生のときに、北島先生がぼそっと言われたんです。『おまえら2年間ノートライだったな』

1980年（昭和55年）1月3日の第16回全国大学ラグビー選手権大会最終日、
明治大学が2ペナルティーゴールで同志社大学を6－3で破り、
2年ぶり4度目の優勝を果たした（©朝日新聞社）

と。そのとき、やっぱり明治はトライなんだな、と思いました。当時は秋の対抗戦に優勝することがチームの第一目標で、今ほど大学選手権が重視されていなかったから、先生には、選手権でノートライに終わったことが余計に残念だったのかもしれませんが。

87年度の雪の早明戦でも、最後にペナルティゴールを狙えば同点になるのに狙わなかった。ゴール前のスクラムからサイドアタックを繰り返して結局は負けています（7対10）。でも、あれが明治の真骨頂でもある。勝ちに行くのではなくて、トライを獲りに行くラグビー、という。それは明治のラグビー部としてはいいと思います。

今日も、前半の2回のペナルティゴールのチャンス（6分、22分）は狙わなかった。3点を狙えばいいのにタッチに蹴って、ラインアウトが安定しなかったから、結局は得点に結びつけられなかった。それではスタートダッシュをかけられないですよね。

去年の秋のワールドカップでは、南アフリカ代表が、ペナルティゴールでしっかり3点ずつ積み上げて、準々決勝から決勝戦までの3試合すべてを1点差で勝って優勝しています。あれだけスクラムが強いチームだって、点を取りに行くときはきちんと取りに行く。

明治も、今までの100年はトライを獲りに行くスタイルで良かったと思うんですよ。北島先生という芯があったから。でも、100年を一区切りにするのであれば、次の100年は、勝つというか、負けないラグビーをしてもいいのかなと思います。後世に残るのは試合内容ではなく、戦績ですからね。やはり勝つほうが、次のステップにつながるのではないかな。トライを獲ることにこだわり過ぎると、勝てる試合も勝てなくなってしまいますからね」

トライを獲りにいくか、ペナルティゴールで3点を狙うか

実は、監督の神鳥裕之も、この問題を次の課題だと考えていた。

「決勝でペナルティゴールを狙わなかった判断は、指導者として突きつけられた課題だったと

思います。学生たちは、彼らが思い描いた明治のラグビーを追求したいから、ラインアウトを選択したのでしょう。僕は、逆に『あいつらはどうするんだろう?』と思っていたんですよ。『帝京戦でもトライを獲りにいくのかな』と。

だから、僕は彼らを責めたくない。

むしろ我々が勇気を持って、『ここは勝負に徹する場面だからこうしたほうがいい』とグラウンドレベルにメッセージを出せるような組織にしないといけないのかなと思う。すべてを学生に委ねながら明治のラグビーを追求していくと、やっぱり際どい試合の重要な場面では、トライを獲りにいくか、3点を狙うかの判断といった課題が突きつけられる。

結局、すべてを彼らに委ねることの善し悪しですよね。明治は、今までずっとキャプテンに選択を任せてきましたが、その部分は、次の100年に向けての成長領域であるし、僕自身に課された課題だと思っています。

ただ、確かにゲームの流れはあって、僕は廣瀬が15点差のときにPGを狙ったのは正しい判断だったと思いましたし、状況によっては、相手が『ペナルティゴールを狙ってくれて助かった』と思うときもある。冷静にチームをまとめる監督やコーチの意見を、グラウンドレベルに落とし込みながら、チームのパフォーマンスに反映させていくことも、次の課題でしょうね」

ペナルティゴールで3点を刻むのか。

それとも、無得点に終わるリスクを背負ってトライを獲りに行くのか。

これは、トップレベルでも、しばしば議論の的になる問題だ。

砂村は、23年ワールドカップで優勝した南アフリカが3点を刻んで優勝した例を挙げたが、15年ワールドカップでは、日本代表が、初戦の南アフリカ戦で29対32とリードされて迎えた終了直前に南アフリカのゴール前でペナルティを得て、キャプテンのリーチ・マイケルが同点を狙うペナルティゴールではなく、一発逆転を狙ってスクラムを選択。同点を狙えと指示したヘッドコーチのエディ・ジョーンズが、コーチ席でヘッドセットを投げ捨て、椅子を蹴り上げて激怒する〝事件〟が起こっている。しかも、リーチの選択が功を奏して日本は逆転トライを奪い、「史上最大の金星」と呼ばれる勝利を挙げた。

実は、その直前に南アフリカは29対29のタイスコアからペナルティゴールで3点を加えたのだが、日本代表の選手たちは「あそこで3点を獲りに来たので弱気だと思った」とコメントしている。ラインアウトからモールでトライを取りに来られた方が嫌だったのだ。

一方、同じ15年大会で、ホスト国イングランドは、ウェールズ戦でペナルティゴールが狙える位置からペナルティをラインアウトに選択してトライを獲りに行き、ウェールズに守り切られて得点できず、25対28と敗れている。この決断を下した、キャプテンのクリス・ロブショーは、ファンやメディアから猛烈な批判を浴びた。

だから、どちらが正解と決めつけることはできないが、ワールドカップや各トーナメントの決勝戦など厳しいプレッシャーがかかるゲームでは、3点獲得に動く方が定石だと見られている。リーチや、今回の廣瀬の判断は、むしろ例外的なのである。

決勝戦の明治について言えば、彼らには、準決勝の京産大戦の前半終了直前に、廣瀬がペナルティからラインアウトを選択し、見事に2番松下潤一郎がトライを奪って試合の流れを完全につかんだ「成功体験」があった。おそらくその事実も、決勝戦の判断に影響を与えているだろう。果たして新しいチームの4年生は、彼らの判断をどう受け止めるのだろうか。

常に決勝に進出できるチームを目指すべき

「北島先生が過去に、試合前に『勝て！』と言われたのは、藤田剛《ふじたつよし》がキャプテンだった82年度の大学選手権準決勝の早稲田戦（13対9で明治が勝利）ただ一度だけ、という伝説があります。それくらい、先生はあまり勝敗にはこだわらなかった。でも、今の明治には、高校日本代表の選手たちを始め、その世代のトップの選手たちが入ってきています。素材は抜群にいい。そういうことを考えれば、常に決勝戦に出るチームを目指すべきでしょう。

世界では、彼らと同世代の18歳、19歳の若手がどんどん活躍しています。彼らに追いつくためには、学生たちも、もっと頭のなかを変えていかなければならないし、もっと練習もしなければならない。だから、これから未来に向けて、学生ではあるけれども、考え方や意識の上では、プロフェッショナルになっていく必要があるでしょうね」

折しも、二度目の就任となった日本代表ヘッドコーチのエディは、23年12月の就任前記者会見で、「日本ラグビーの基本は大学。若い選手の育成に力を入れ、ポテンシャルを最大化する必要がある」と発言した。

101年目からの明治ラグビーは、この方針とシンクロするように、選手のポテンシャルを「最大化」して、その成果を「優勝」の二文字に結実させることを目指す。

PROFILE

砂村光信（すなむら・みつのぶ）

1958年、東京都出身。現役時代のポジションはスタンドオフ（SO）。1年次と3年時に関東大学対抗戦・大学選手権の2冠に貢献。大学卒業後はリコーに入社し、日本代表にも選出される。引退後はU－23日本代表監督などを務める。現在はNHKのラグビー解説者としても活躍。

「明治は絶対に強くなきゃいけない!」
～森重隆　日本ラグビーフットボール協会名誉会長～

明治の低迷期に目撃したある光景

創部百周年のシーズンを迎えるに当たって、キャプテンの廣瀬雄也をはじめとする4年生たちが話し合い、決めたスローガンが「ONE MEIJI」だった。

クラブ全員が、試合に出る出ないにかかわらず、「優勝」という目標に向かって一つになる──そんな理念のもとでシーズンを過ごしたチームは、スローガンに込めた意図どおり一つになってファイナリストまで駆け上がった。

そのプロセスはこれまで記したとおりだが、森重隆《もりしげたか》は、逆にチームが一つにならなかったらどうなるか──という実例を自身で目撃していた。

森が、19年に日本ラグビーフットボール協会会長となる以前、明治がファイナリストはおろか、ベスト4にもなかなかたどり着けなかった頃のことだ。

会場に設けられた部員席で固まって観戦している明治のラグビー部員たち、つまり、Bチーム以下の試合に出られなかった選手たちが、どう見ても自分たちのチームを応援しているようには見えなかった。ハーフタイムには席を立って喫煙所に行く部員もいた。だから、その後で設けられた「残念会」の場で怒った。

こう言ったのだ。

「おまえら、なんなんだ。試合中はへらへらしてるし、ハーフタイムに明治のウェアを着てタバコを吸いに行く選手もいる。もう、そういうところから負けている!」

対戦相手がどこだったか、スコアがどうだったかは覚えていない。そんなことよりも、部員たちの行状が、悪い意味で強く記憶に残ったのである。

今も、当時を思い返して苦々しげに森は言う。

「10年以上前かな、『あれだけいい選手を採っているのに、明治はなんで弱いんだ』と疑問に思うことがあった。でも、こういう場面を見てわかった。勝てなかった時代は、チームがバラバラだった。試合に出ていない選手たちが一つになっていない。BチームやCチームの選手が自分たちのチームを応援してないんだ。まだ丹羽(政彦)が監督になる前の、寮の規律の問題があった時期で、それが要因だったわけですが、勝てない時代はそういう時代でしたね」

母校を見る目が変わったのは、18年度に22年ぶりの優勝を果たしてからだった。

「田中（澄憲）がヘッドコーチになってから良くなりましたね。あれだけの力強さを試合の最後まで持続させて、15人のラグビーをやる。パワフルな明治の良さがきちんとチームにありながら、ボールを継続させることもできていた。監督を務めた時期も含めて、あの4年間から、明治のラグビーはずいぶん変わったと思いますよ」

「明治だからトライを獲りにいく、という考え方は、ちょっと違うと思う」

それだけに、廣瀬たちのチームには好感を持った。

12月の早明戦は、「なんで試合終盤に、殴り返されるみたいに連続トライを獲られるんだ」と不満を持ったが、大学選手権に入り、初戦の準々決勝、筑波大学戦では「強くなった」と感じた。年が明けて1月2日の準決勝、京産大戦では「お、ちゃんと覚醒した」という思いを強くした。

「今シーズンの明治には、けっこういい選手が揃っているんですよ。廣瀬もそうだし、左ウイングの1年生（海老澤琥珀）も、『こんな選手がいるんだ』みたいな、いい選手だった。だから、決勝戦も、前半の最後に明治が連続でトライをして12対14でハーフタイムに入ったときは、思わず拍手してました。ラグビーを見ていて、久しぶりに『よしっ！』と声が出た。でも、やっぱりスクラムで負けましたね。

あそこまでスクラムをやられると、もう修正がきかないし、他の部分をどう修正しても立直せない。後半は、勝てないなと思って見ていました。帝京はよく鍛えられたチームでしたし、強かった。本当に、良くああいうチームができたと感心しました」

それは、前項で砂村光信が指摘したポイントと見事に重なっていた。さらに、もう一つのポイント、前半の早い段階でペナルティゴールを狙わなかったことについても、同じように疑問に感じていた。

「ラグビーは点数の勝負だからね。たとえば、ラインアウトにしてモールからトライを奪って5点取るより、楽に3点を取ったほうがいいじゃないか。そう考えたほうが、後半の展開を考えても良かったんじゃないかな。そら、相手にリードされて時間がないなかで逆転を狙うなら当然トライを獲りにいくべきですが、まだ前半の途中でしたからね。そこでラインアウトからトライを狙う必要があったのか。僕には少し欲張りなように見えた（笑）。

明治だからトライを獲りにいく、という考え方は、ちょっと違うと思う。その辺の戦い方は、一応セオリー通りにやらないとね」

準決勝で、廣瀬がペナルティゴールを狙える位置から3点を狙わず、あえてラインアウトを選択してトライを奪った点を指摘しても、森の考えは変わらなかった。

「たとえ準決勝の成功体験があったとしても、監督とキャプテンが事前に話し合って、決勝の帝京戦はこうしようと決めておくべきじゃないかな。ラグビーは点数の取り合いだから、そういうことも教えないといけないように思う。明治は、どうしても学生に任せるところがあって、『おまえたちの好きなようにやれ』みたいになるけど、ラグビーはそうじゃない」

明治を卒業して進んだ新日鐵釜石では、選手として、キャプテンとして、そして監督として日本選手権7連覇に貢献。74年には日本代表に選ばれて、まだワールドカップもなく、テストマッチが少なかった時代に27キャップを獲得した。当時のトップレベルを肌身に感じて積み重ねた豊富な実戦経験が、廣瀬の選択を「少し欲張り」と言わせるのだ。

ラグビーは「点数の勝負」だから、3点の重みを忘れるな——と。

「『明治は北島忠治だ』という芯が通っていたから、ここまでのチームになった」

一方で、森は、自分自身がプレーしていた当時の明治のラグビーについて、「どことなく違和感があった」と振り返る。

切れ味鋭いステップで防御を切り裂く独特のランは、監督の北島忠治から「糸の切れたタコのようだ」と評されたが、その頃の明治はあくまでも「重戦車」と呼ばれるフォワードでの〝局地戦〟が戦い方の主流だった。

雨の日に、フォワードがゴール前でのスクラム勝負にこだわってボールが動かない時間が続くと、スタンドからは遠慮なく塩辛いヤジが飛んだ。

「メイジ、バックスが風邪ひくぞ！」

そんなヤジがお約束のように何度も聞こえたことは今も覚えていると、森は言う。

「明治はフォワード8人が頑張ればいい、みたいな感じのラグビーで、『それは違うんじゃないか……』と思ったこともありました。でも、その時代のプロ野球がそうだったように、監督を信じて監督のために、というのが当たり前だった。だから、明治のラグビー部の支柱は、もちいろん北島先生でした。でも、そのときに戦略とか戦術を考えるスタッフがいたかというと、いなかった。まあ、早稲田も、大西鐵之祐《おおにしてつのすけ》さんが1人で戦術を考えていた。そういう時代ですよ」

大西鐵之祐は、「展開・接近・連続」という早稲田の骨格を為す理論を考案し、早稲田のみならず、日本代表監督としても68年のニュージーランド遠征でオールブラックスジュニアを23対19と破り、71年に来日したイングランド代表とは3対6という接戦を演じたことで知られる、早稲田ラグビーの象徴的存在だ。

理論家で学究肌の大西と、相撲部出身で親分肌の北島という個性の対比は、ボールを動かして「揺さぶり」を仕掛ける早稲田と、重戦車フォワードがタテに直進する明治という、チームカラーの対比に重ねて語られ、それが80年代以降に始まった「早明戦ブーム」に火をつけた。

「展開・接近・連続」と「前へ」も、まるで対句のように早稲田と明治のチームカラーを現す言葉として使われたが、前者はボールを動かすラグビーを遂行するための理論的な支柱である。

一方の「前へ」は、本書のなかでOBたちが語ったように、この言葉に学生時代に触れた部員が、その後の人生で意味を考え続ける「命題」といったニュアンスが強い。ある意味、禅の公案に近いのが「前へ」という言葉なのである。

森が言う。

「大西さんと北島先生を比べると、大西さんのほうが勉強してたんですよ、間違いなく。それに対して明治は、北島先生がいたからこういうラグビースタイルになった、というのではなくてね、『明治は北島忠治だ』という芯が通っていた。だから、ここまでのチームになったんです。それを考えるとね、これからの時代も、誰でもいいから『あいつがいるから明治だ』みたいな存在が必要かもしれないですね」

それは、第3章で田中が元木由記雄の名前を出して「10年くらい監督を……」と言ったのと、同じような発想だった。

そして、こう続けた。

「今後の明治は、誰かが監督としてチームを見ないとダメでしょう。トップリーグやリーグワンを経験したOBが監督になるのはいいけど、明治のラグビーというバックグラウンドがしっかりしている人間がちゃんとチームを見ないと、教える人間がそれまで所属していたチームのラグビーに、いきなり変わってしまう恐れがある。それは違うと思います」

大学ラグビーの存在意義

森は、日本ラグビー協会の会長時代に、19年のワールドカップ日本大会の開催・運営や、トップリーグを新たなフォーマットへと発展的に解消したジャパンラグビーリーグワンの立ち上げといった、大きなイベントに携わった。この間に、ラグビーには新しいルールが次々に加えられ、競技の様相も変わった。

ラグビーの急激で大きな変化に、その真っ只中で立ち会ったのだ。

だから、会長職にあった19年からの3年間は、「大学ラグビーはなくしたほうがいいと考えていた」と言う。

理由は、「大学ラグビーが日本代表強化のネックになる」という問題が「確かにあった」からだ。

「できれば、近い将来に大学ラグビーをなくし、リーグワンのクラブが中心になって地域で選手を育てるようにする。もっと言えば、高校もなくして、クラブで選手を育てるような考え方をしてもいいのではないかとまで思っていました。

世界を見ても、今、ケンブリッジ大学とオックスフォード大学の対抗戦、伝統の『バーシティマッチ』にどれだけの人が注目しているか。ほとんど注目されてないですよね。あるいは、ラグビーが好きな人がニュージーランドに行っても、オタゴ大学とカンタベリー大学の定期戦を見るだろうか。やっぱり、彼らがみたいのはスーパーラグビーでしょう。そういう国にならないと、ワールドカップにも大きな注目が集まらないのではないか。そんなことを考えていたのです」

しかし、そうした強豪国と同じような構造を作るにはさまざまな問題があった。

「たとえば、埼玉パナソニックワイルドナイツの福井翔大《ふくいしょうた》（東福岡高校出身）みたいに、大学に行かずにワイルドナイツに入るような選手が出てこないと強化が進まない、とみんなが思っていても、結局、高校生たちはみんな大学に行ってしまう。高校生が大学に行かずにトップレベルのラグビーを経験するのは良いことだとみんな言っているのに、自分たちの身に降りかかってくると、そういう選択ができなくなる。

それに、日本人のラグビーの好みを考えると、大学ラグビーは絶対になくならない気がします。明治がいて、早稲田がいて、慶應がいて、帝京がいる……という形で存続すると思う。だから、それをどうするか考えざるを得ない。これは本当に難しい問題です。

僕も、名誉会長に退いた今は、大学ラグビーを『いいな、面白いな』と思って見ています（笑）。各大学が毎年チームを作って競い合うのが大学ラグビーの面白さじゃないか、と多くのみなさんも思ってらっしゃる。これをなくそうとしたら、その歴史をつぶすのか、みたいな声も寄せられるでしょう。だから、たぶん、僕が生きている間は大学ラグビーはなくならないと思いますし、１００年後もそのままかもしれませんね」

「明治は、絶対に強くなきゃいけない。絶対に」

では、そんな未来図のなかで、明治のラグビー１００年後も存続できるのだろうか。

そして、存続させるためには、どのような手立てを講じる必要があるのか。

森の答えはこうだ。

「明治は、絶対に強くなきゃいけないんですよ、絶対に。

何連覇という記録を残せ、という意味ではなく、いつの時代も強くなければならない。それが、明治のラグビーだと思います。優勝するかどうかは別にして、常に優勝を争う位置にいる。そのときのキャプテンであり、スタッフであり、４年生たちが、そういう思いを持ち続けなければいけない。

そのためには、泊まり込んで合宿をやればいいんですよ。まず4年生が、いつもいる八幡山の寮から離れて集まり、『オレたちの代でどういうものを作って行こうか』と、徹底的に話し合えばいい。そういう場を持つことが、未来につながっていくんじゃないか。まあ、こういう時代だからSNSでもミーティングはできるかもしれないけど、目と目を合わせて、ここが問題だと話し合う機会は絶対に必要だと思う。今のダブルタックルなんか、2人が同時にタックルに入るわけでしょ。そういうコミュニケーションができているかどうかで精度も変わってくるんじゃないかな。

この問題はラグビーだけじゃないかもしれませんね。今は、あらゆる組織で、そういう密なコミュニケーションが欠けているように思える。ラグビー部だけではなく、企業だって、やっぱり濃密なコミュニケーションがないとダメですよね」

確かに、福田健太がキャプテンを務めたシーズンは、福田が、バイスキャプテンの祝原涼介に部屋に呼び出されて2人で話し合ったことが、4年生全員でのミーティングに結びつき、それがチームを上昇気流に乗せる転機となった。

飯沼蓮たちの代も、4年生が食堂に集まって酒を飲み、心のうちをぶつけ合って、ファイナリストへの道を開いた。

学生たちも、勝つためには濃密なコミュニケーションが必要であることを、シーズンが終盤にさしかかる大事な時期に、おそらくは本能的に察してチームの結束を深めた。森は、そういう集まりを、合宿という形でシーズンに入る前にやってはどうかと提案しているのだ。

もちろん、森たちの世代と、これから4年生になる学生たちの世代とでは、生まれ育った環境も違えば、これまでに重ねてきたコミュニケーションの濃度も異なる。だから、そうした集まりをいきなり年度の初めに行なうことには抵抗があるかもしれない。

しかし、ことはラグビーという、試合の正念場で、どんな競技よりも濃密なコミュニケーションが求められるスポーツの話だ。オフ・ザ・フィールドでの人間関係とは性質を異にする。試みてみるだけの価値はあるのかもしれない。

「今は、どこの大学も、本当に同じようなラグビーをやりますよね。昔は違ったけど。だからこそ、所属するクラブで育まれる人間性によって、チームカラーが生まれるような気がします。それぞれの大学には長い歴史があり、そのなかで育まれた文化があるからね。たとえば、話す内容や雰囲気で『彼は早稲田の人間だ』とか『明治の人間みたいだ』と、なんとなくわかるように。あるいは、プレーを見ればわかるような、それぞれのクラブが求めるプレーヤー像と言った方がわかりやすいかな。そうしたカラーを作るのが、チームの教育だし、そういう教育がきちんとできているチームは一つになることができる。それが、常に優勝争いに絡むような未来につながると、僕は思っているのですよ」

森は、そう言って話を締めくくった。

果たしてこの言葉を、「次の100年」に向かう最初の代はどう聞くのだろうか。

100年の歴史が、神鳥裕之が言ったように「1年1年の積み重ね」からしか築かれない以上、彼らの受け止めと継承が、次の100年を占う最初の一歩となる。

©産経新聞社

PROFILE

森重隆（もり・しげたか）

1997年、栃木県出身。ポジションはフッカー（HO）。明大3年時には大学選手権優勝を経験。4年時には主将に就任し、大学選手権準優勝。大学卒業後はリコーブラックラムズ東京に加入。2021年7月、リコーブラックラムズ東京の主将に就任。

特別寄稿　北島忠治という生き方

森本優子

©朝日新聞社

北島忠治、明治大学ラグビー部初代監督であり、67年間グラウンドに立ち続けた、いわば明治ラグビーのアイコンである。北島がいつラグビーと出会い、人生の針路を定めたのか。そして半世紀以上も勝負の世界で生き抜き、たどり着いた指導哲学とは。ここで振り返りたい。

若き日の北島は相撲に熱中した

北島忠治監督は1901年（明治34）2月23日、豪雪地帯で知られる新潟県の南西部・東頸城《くびき》郡安塚村で生まれた。八幡山では常に仲間や教え子に囲まれていた北島監督だが、肉親との縁は薄かった。

父親は日露戦争の二百三高地で戦死。父親の戦死後、母親は再婚。母方のおじに引き取られ、そこの子どもたちと一緒に育てられた。

小さい頃から暴れん坊だったが、学校の成績が良く、上の学校に進ませたらという周囲の勧めで12歳のときに新潟をあとにして上京。別のおじの家に預けられる。

「どうせ一人ぼっちだったしね」

いちばん可愛がってくれたというおばと一緒に信越線で上京した忠治少年は、牛込（新宿区）

で暮らした。

「山奥から出てきたものだから、遊びまわるのが面白くて、そのうちに成績もだんだん下がってきちゃった。二、三回は転校したかな。なにしろ学校に行かなかったから。ガキ大将できかんぼうで、よく喧嘩して、いろいろ苦情が来ていた」

　喧嘩をしては、道端の泥の中に相手を投げ飛ばしていた。スリやたかりはしなかったが、絣の袴に高下駄を履いて徒党を組み、神楽坂から現在の東京駅界隈まで遊びに行っていた。住んでいた神楽坂にちなんで「坂の忠治」の呼び名で名を馳せた。花見も桜を愛《め》でに行くのではなく、喧嘩をしに行っていたほどだ。

「火事と喧嘩は江戸の華っていうけど、あの頃は相手を探しに行ってたようなもんだ。今思うとバカなことをしたよ」

「売られた喧嘩をかってたら、しまいには誰も売ってくれなくなっちゃった。ちょうどよかった」

　そう冗談めかして笑っていた。講道館にも足を運び、柔道を学ぼうとしたこともあったが、長続きはしなかった。監督が若き日に熱中したのは相撲。新潟の少年時代、素人相撲をとっていて「筋がいい」と褒められ、見よう見まねで土俵の作り方も習得。

神楽坂の名士が相撲道場を創設すると、そこで寝泊まりするほど相撲に打ち込んでいた。半面、勉学の方は疎かだったようだ。兵学校を受けるも、2回失敗。知り合いに誘われ、明治大学専門部に入学したのは1921（大正10）年。

「その頃は学生が少なくて、願書を出せば入れた時代だった」

入学して大学に行った初日、ふとみると相撲部の部員が土俵を作っていた。「そんなやりかたじゃうまくいきませんよ」と助言。それがきっかけで相撲部に入部する。すぐに全国大会の補欠となったが、大将が急きょ病気になり、いきなり出場することに。そこで学生横綱にあやうく勝ちかけて、学生相撲界で一躍名を馳せたる存在となる。

生涯を通じたラグビー指導の根底となった「無我夢中」

ラグビーとの出会いは、大学卒業を翌春に控えた1925（大正14）年の秋のこと。ラグビー部は創部3年目。相撲部のオフシーズン、当時のラグビー部キャプテンだった大槻文雄《おおつきふみお》から、試合3日前に「人数が足りないから出てくれ」と頼まれた。「フッカーがケガをして一人足りなくなった。ルールはわからなくても、押してくれればいい」と、相撲部の北島に白羽の矢が立ったのだ。翌日、原宿から明治神宮一帯にあった演習場で初めて練習に参加。練習中にボールを拾って走ると笛が鳴って怒られた。

「どうもピックアップだったらしいんだ。その後、主将に訥々と〝笛が鳴ったらプレーを止めなきゃいけないんだ〟と。〝なにい、笛なんか聞こえやしない〟って。それで面白いと思ったんだ。聞こえないってのは、無我夢中ということだからね」

晩年、監督はその日の様子を、まるで昨日の出来事のように生き生きと語っていた。それは、初めてフットボールの試合中にボールを持って走り出したウェブ・エリス少年と重なる。

無我夢中。その言葉は、生涯を通じたラグビー指導の根底となる。

試合に出ると、「忠さんはラグビーに向いてるよ」とおだてられ、関西遠征にも同行。翌年の冬、学士ラガーと対戦し敗戦。「このとき、初めてラグビーを真剣にやろうと思ったんです」と語っている。

その年の春、政経学部を卒業すると、もう一度法学部に入り直す。監督25歳のときである。再入学した2年後の1928（昭和3）年、27歳でラグビー部6代目の主将を務め、初めて早大から勝利を挙げた。それまで相撲部や柔道部からの助っ人で作られていたラグビー部を主将として一つにまとめ上げた。

翌春、2度目の卒業と同時に明治大学体育課に勤務し、ラグビー部の監督に就任する。

「それまでは特に将来何をしようとか、はっきりしたものはなくて、好き勝手にやっていこうと考えていたけれど、ラグビーを始めてすぐに〝これは一生の仕事だ〟と思ったからね。ラグビーに関係してからは、もう絶対に喧嘩しちゃいけないと自分に命じた」

相撲部にいたときは喧嘩もしたというが、「ラグビーを始めてからは一切やめた」。それは同期のキャプテン（井上文雄）から、「忠さん、ラグビーは絶対に人を殴ってはいけないんだ」と聞かされたからだった。

「フェアプレーの精神がいいと思ったんだ」

ラグビーとの出会いは、その後の生き方も変えた。

「僕は酒を飲んでばかりいたから、〝長くもっても50代だろう〟と言われてて、僕もそれでいいと思っていた。39歳のとき、〝そんな生活してたら、うまくいって厄年（42歳）そこそこだぞ〟と言われた。ちょうどそれが3月31日で年度の変わり目だったから、朝4時まで飲んで、それでやめた。ラグビーやってなかったら、50歳くらいで死んでただろうね。喧嘩してブスッと刺されてたかもわからない」

腕っぷしが取り柄の向こう見ずな若者が、ラグビーと出会ったことで一変。生涯をラグビーに捧げることを決意した。そしてその情熱は、最後まで衰えることはなかった。監督就任の28歳から1996年に95歳でこの世を去るまで、大学や日本ラグビー協会でさまざまな肩書はついたが、終生変わらなかったのは「明治大学ラグビー部監督」。明大ラグビー部は、世界に類を見ない情熱を持った指導者によって命を吹き込まれたラグビークラブなのだ。

「僕はね、強いFWと速いBKということを言いたいんだ、本当は」

専門誌である「ラグビーマガジン」で、北島監督の半生を振り返ろうと、「八幡山春秋」と題した連載が始まったのは1987年のこと。八幡山のグラウンドと道1本隔てた自宅に伺ったのは、ニュージーランドとオーストラリアで共催された第1回ラグビーワールドカップの決勝のあとだった。

以後月に1回、自宅に足を運んではラグビーのこと、近況について話を聞いた。それは1994年11月9日、監督が入院するまで90回続いた。

最初の取材では、第1回ワールドカップで優勝したニュージーランドのラグビーについて熱を込めて語っていた。

「最近、〝明治ラグビー〟という言い方をされて、要するにＦＷばっかりみたいなことを言われるけど、そうじゃないんだ。僕はね、強いＦＷと速いＢＫということを言いたいんだ、本当は。ただ、どっちに重点を置くかと言われれば、ＦＷに重点を置いて、ＦＷで数多くのボールをＢＫに供給して、そのうちのいくつかがトライになるということなんだ。今はＦＷだけのようなとらえかたをされてるからね」

当時、早明戦はラグビー人気の頂点。国立競技場で6万人の観衆を集めていた。ＦＷの明治、ＢＫの早稲田というチームカラーから「明治は魔法瓶」と揶揄されたこともあった。今日では魔法瓶という言葉も死語だが、押すだけ、ということだ。監督にとっても本意ではなかったのだろう。

「ワールドカップで見せたニュージーランドのラグビーこそが、理想そのものだ」と語っていた。

それでも「明治はＦＷだけ」という外野の声は耳に入っていたようだ。

ラグビー部が70周年を迎えたとき、こうも言っていた。

「明治はＦＷのチームだって見方をされてるけど、それでいいんだ。そういう考え方があってこそ、強いジャパンが出てくるんだから。押さないラグビーがあったら、お目にかかりたいもんだ（笑）」

明大で全国制覇、連覇を成し遂げたが、目指すラグビーの先にあったのは、日本代表だった。元木由記雄（神戸製鋼・元日本代表）が大学時代、日本代表の遠征に参加したときも、「（ジャパンによこしてくれと言うから）、よし、つれてけと。大学のために練習してるんじゃない。頂点はやはりジャパンだからね。ジャパンが強くなきゃ、日本のラグビーは強いとは言えない。選手でも、自分のチームではしっかりやるけれど、ジャパンの試合や合宿でウロウロするようでは、まだ本物じゃない」と断言している。

相撲とラグビーの共通点

かつてグラウンドには目黒、國學院久我山などさまざまな高校チームが訪れ、高校同士で試合をしたり、大学生相手に練習して腕を磨いた。監督はどんなチームにも門戸を広げ、広い視野を持った指導者でもあった。

ラグビー以外に北島監督の好きなものと言えば煙草、ゴルフ、麻雀、そしてテレビでの大相撲観戦があげられる。

「ゴルフの面白さはラグビーと同じ。瞬間的なもの。やれるやれないかは別にして、瞬間的に自分が何でもできる」。

コースを回るようになったのは、60歳を過ぎてから。OBが支配人をしている川崎の河川敷のコースに週に5回は通った。

麻雀は関東大震災の年に覚えた。86歳当時、「回数は世界記録じゃないか」と言っている。いちばんのロングランは40歳前に、不眠不休で53時間。

「ラグビーやってた時間と麻雀やってた時間と比べると、麻雀のほうが長い。ラグビーは平均すると1日3時間だけど、麻雀は相手がいればいつでもできる」

夏合宿の宿舎にはOBも集い、雀卓を囲んだ。自分がこれ、と思ったものには徹底して打ち込んだ。

大相撲の場所中は、八幡山での練習を終えて夕方からテレビで取り組みを見るのが日課だった。監督がラグビーと相撲の共通点として挙げていたのは四股《しこ》だ。

「相撲に〝稽古半分、四股半分〟って言葉があるくらい、しっかりした四股を踏まないと、いい相撲は取れない。腰がしっかり安定するから、ラグビーにもいいんだ」

四股は上半身と下半身、左右の身体のバランスが均等でなければ綺麗に踏めない。いい選手かどうかは、四股を踏ませたらわかると言っていた。

「僕がラグビーをやろうと決心したのは、思う存分暴れまわれることが魅力だったと思う。相撲と共通点があった。どこがと聞かれても難しいんだけど、ひとこまひとこまが似てるんだ」

かつての合宿所の中には土俵があり、そこで部員が稽古をしていた。北島監督自身、90歳を超えても、朝起きて身体が重いと感じたときは、足を開いて腰を下ろす「股割《またわり》」をしていた。監督にとって相撲は健康の基本でもあった。

「FWはボールを取れ、BKはそれを持っていけと。それが明治のラグビーだ」

90回に及んだ連載のなかで、北島監督が何度も口にしていた言葉が「無我夢中」である。

「試合が始まったら、無我夢中なんだ。〝パスしろ〟だの〝蹴れ〟だの、外から言うやつの言葉なんか聞いちゃいないよ」

「ラグビーは無我夢中になれた。もう何十年もやってきたけど、ラグビーって、そんなもんだよ。その瞬間瞬間が無我夢中なんだ。また、そうならない奴はうまくならない」

それは自分が初めてラグビーの練習に参加したときの原体験でもあり、指導者になってからも、実感させられた。

タッチラインで練習を見ていたとき、ある選手がボールを持って走った。いつも蹴る癖があるため、監督は「走れっ」と声をかけた。あとで聞いたところ、「全然聞こえませんでした」と言ったという。

「選手の心理ってのは、そんなもんだよね。それまで時たま言うことはあったんだけど、それから一切言わなくなった」

ボールを持ったら外野の声など耳に入らない。だからこそ試合中の判断力は自分で磨け、ということだ。

「ラグビーはボールを持っている選手が判断する、周りはその判断に従う」

コーチングでも早稲田と明治はよく比較され、早稲田が細かく教えるのに、明治は何も教えていない、と揶揄されることもあった。

明治のラグビーに関して、元木由記雄が主将になった年の春にこう言っている。

「僕が最初に言うのは〝思うようにやれ〟ってことだけ。基本だけしっかりやって、あとはお前たちの判断でやれと。〝また北島さんが言ってる〟と思われるかもしれない。早稲田はきちっと型を教えるけど、明治は型がない。フリーにやれって。その代わり、どこでも通用するようになれと。ＦＷはボールを取れ、ＢＫはそれを持っていけと。それが明治のラグビーだ」

シンプルだが、永遠に変わらないセオリーである。

「勝負は勝つものがあるから、負けるものがあるんでね。僕は一対一で相撲を数多くやってきて、つまらんことで簡単に負けたこともあるし、強い相手に勝ったこともある。だから勝敗ってことは、その場のいきがかりみたいな感じがしちゃってね」

監督88歳のときの発言である。とことん勝利を追求して、たどり着いた境地だった。

89歳のときには、こう語っている。

「ひとくちに六十何年と言っても、自分ではあまり長いと思わんな。今になって考えると、農家の人が種を蒔いて、芽が出て花が咲いて、実をつけるのを見て楽しむのと同じでね。〝これを売ればいくらになるかな〟ってのとは違う。毎年毎年選手が入ってきて、なかにはダメになって枯れちゃうのもいるけど（笑）、収穫したと思ったら、また種を蒔いてね。その種が育っていく。４年周期で変わっていくけど、終わりはないね」

終生、ラグビーを通して人間を育ててきた北島監督の本懐である。

文◉森本優子
……もりもと・ゆうこ……
1961年岐阜県生まれ。1983年、ベースボール・マガジン社入社。ラグビーマガジン編集部に配属される。2021年に退社しフリーランスに。現在トヨタヴェルブリッツチームライター。

あとがき　〜クレジットに代えて〜

二見書房から「明治大学ラグビー部創部百周年について書きませんか」という話をいただいたとき、真っ先に考えたのが「誰に取材するか」ということだった。

何しろ百年の歴史を持つ名門クラブである。

ＯＢは多士済々で、どなたに取材しても興味深いエピソードが聞けることは想像できた。しかし、紙幅に制限がある以上、手当たり次第というわけにはいかない。

そこで、まず百周年のシーズンを戦うチームを中心に取材を進める方針を定め、監督である神鳥裕之さん、ヘッドコーチの伊藤宏明さん、そしてキャプテンの廣瀬雄也さんに話を訊くことにした。

出発点を現在に設定するなら、今のチームに至る流れを作った方々の話も必要となる。その源流をどこにするか考えた末に、２０１８年度に22年ぶりの優勝を果たしたシーズンが一つの転機だったことを踏まえて、当時の監督である丹羽政彦さん、ヘッドコーチの田中澄憲さん、キャプテンだった福田健太さんに話を訊くことにした。さらに、同部がキャプテンを中心に運営されてきたことを考慮して、武井日向さん、箸本龍雅さん、飯沼蓮さん、石田吉平さんと、歴代キャプテンにも取材をお願いすることにした。

もう一つ、このクラブが外部にはどう映っているかということも、本書に加えたい視点だった。そこで、卒業生を受け入れる側として横浜キヤノンイーグルスでGMを務める永友洋司さんが浮かび、さらに大学選手権で対戦する京都産業大学のGM・元木由記雄さんにも、対戦相手の立場からお話を伺った。メディアでラグビーについての発信を続けている砂村光信さんには、客観的な視点からのコメントをいただいた。

そして、百周年を単なるイベントで終わらせずに、「次の100年」につなげる契機とするためには、19年から22年まで日本ラグビーフットボール協会会長を務めていた森重隆さんのお話は絶対に外せない――と考えて、成立したのが本書である。

本文中は、すべての方々の敬称を略することに統一したため、北島忠治氏のことを「北島」と表記することとなった。これは失礼に当たるのではないかと思って、キーボードで「きたじま」と入力するたびに「本当にいいのか？」と迷ったこともしばしばだった。

そんな非礼も、巻末の森本優子さんの原稿でかなり緩和されたのでは、と願っている。

最後に、シーズン終盤の時期にも、取材のアレンジに尽力してくれた明治大学ラグビー部主務の不京大也《ふきょうひろや》さんにお世話になったことを記して、結びとする。

永田洋光

【取材協力】
明治大学ラグビー部／明治大学ラグビー部ＯＢ・ＯＧ倶楽部／東京サントリーサンゴリアス／トヨタヴェルブリッツ／リコーブラックラムズ東京／浦安D-Rocks／横浜キヤノンイーグルス／京都産業大学ラグビー部／（公財）日本ラグビーフットボール協会／関東ラグビーフットボール協会（順不同）

【参考文献】
『「前へ」明治大学ラグビー部　受け継がれゆく北島忠治の魂』明治大学ラグビー部著／カンゼン
『明治大学ラグビー部、復活への軌跡』永田洋光／洋泉社
『ラグビーマガジン』連載「八幡山春秋／１９８７年８月号〜１９９６年８月号

明治大学体育会ラグビー部
1923年（大正13年）創部。部のエンブレムはペガサス。1929年（昭和4）から67年間監督を務めた故・北島忠治監督は、サインプレーが多様化しつつあるラグビーのなか、「基本」に忠実であることを徹底。「重戦車」と呼ばれる強力フォワードを軸に、前へ前へと真っ直ぐに突進するラグビースタイルで、明治大学ラグビー部の黄金期を築き上げた。関東大学ラグビー対抗戦優勝18回、大学選手権優勝13回、日本選手権優勝1回。2023年、創部100周年を迎えた。チームカラーは紫紺。

永田洋光 ……ながた・ひろみつ……
1957年1月生まれ。スポーツライター。東京都立新宿高校、横浜市立大学卒業後、出版社勤務を経て1988年にフリーとなり、ラグビー記事を中心に執筆活動を続ける。主な著作に『スタンドオフ黄金伝説』（双葉社）、『宿澤広朗 勝つことのみが善である』（文春文庫）、『新・ラグビーの逆襲 日本ラグビーが「世界」をとる日』（言視舎）、『明治大学ラグビー部、復活への軌跡：勝者の文化を築け！監督・田中澄憲の「改革戦記」』（洋泉社）、共著に『そして、世界が震えた。ラグビーワールドカップ2015「Number」傑作選』（文藝春秋）などがある。

カバーデザイン／株式会社ウェイブコミュニケーションズ
本文デザイン・DTP／長久雅行

明治大学ラグビー部 勇者の100年
紫紺の誇りを胸に再び「前へ」

2024年4月25日 初版発行

著者　明治大学ラグビー部 永田洋光
発行所　株式会社 二見書房
〒101-8405
東京都千代田区神田三崎町2-18-11
電話 03（3515）2311［営業］
03（3515）2313［編集］
振替 00170-4-2639

印刷　株式会社 堀内印刷所
製本　株式会社 村上製本所

落丁・乱丁本はお取替えいたします。
定価は、カバーに表示してあります。

ISBN978-4-576-24022-0
https://www.futami.co.jp